乡村生产生活热点解答 系列

采摘园
创业有道

CAIZHAIYUAN
CHUANGYE YOUDAO

徐广才　主编

中国科学技术出版社
·北　京·

图书在版编目（CIP）数据

采摘园创业有道 / 徐广才主编 . —北京：中国科学技术出版社，2018.9

ISBN 978-7-5046-7946-8

Ⅰ.①采… Ⅱ.①徐… Ⅲ.①农产品—采收—观光产业—农业园区—创业—中国 Ⅳ.① F592.3

中国版本图书馆 CIP 数据核字（2018）第 056560 号

策划编辑	张 金	
责任编辑	刘 聪	
装帧设计	中文天地	
责任校对	焦 宁	
责任印制	徐 飞	

出 版	中国科学技术出版社	
发 行	中国科学技术出版社发行部	
地 址	北京市海淀区中关村南大街16号	
邮 编	100081	
发行电话	010-62173865	
传 真	010-62173081	
网 址	http://www.cspbooks.com.cn	

开 本	889mm×1194mm 1/32	
字 数	108千字	
印 张	4.625	
版 次	2018年9月第1版	
印 次	2018年9月第1次印刷	
印 刷	北京盛通印刷股份有限公司	
书 号	ISBN 978-7-5046-7946-8 / F·867	
定 价	23.00元	

前　言

　　生态观光农业是现代农业与旅游业相结合的一种新型产业，是利用农业资源环境、农田景观、农业生产活动和农业文化，为人们提供观光、旅游、休闲、度假以及体验的一种农业经营活动。采摘园具有生态、观光、休闲、科普教育、文化传承等多种功能，是面向城乡居民市场需求，融生产、生活和生态于一体的现代农业发展载体。采摘园将生态、休闲、科普有机结合，改变了传统农业只注重土地本身耕作的单一经营思想，客观地促进了旅游业和服务业的发展，有效促进了城乡经济的健康发展。农业观光采摘已成为休闲农业与乡村旅游发展的经典产业形态，也是特色农业推动农民致富的重要模式。

　　我国采摘农业始于 20 世纪 80 年代后期，随后在全国各地的一些大中城市，如北京、上海、广州、深圳、武汉、珠海、苏州等地蓬勃发展起来，并获得了巨大的经济效益和社会效益。长期以来，采摘园以其独有的乡村魅力吸引了人们的目光，每年都有大量游客涌入各地各种形式的采摘园中，参与采摘活动，体会农耕乐趣，由此也培育出诸如北京平谷大桃、山东栖霞苹果、上海马陆葡萄、河南西峡猕猴桃等一大批具有国内、国际重要影响的特色农产品及优势产区，成为县域经济发展的有力支撑。

　　我国地域辽阔、人口众多、农业发达，发展观光农业基础良好。经过多年的发展，农业采摘园涌现出了许多的成功模式，带动了地区农业经济与休闲产业发展。例如，集简单生产与采摘于一体的传统观光采摘园、融合高科技的农业示范园、文化特色浓郁的科普文化采摘园等模式，从不同层面增加了农业采摘园的体验内涵，让游客在采摘活动中体会到更多的乐趣。

随着采摘园市场需求呈现出井喷的态势，采摘园数量迅速增长，一些采摘园也暴露了建设与管理经验相对不足等一系列问题，突出表现在：农业采摘园普遍缺乏统一规划，部分采摘园建设无序，开发具有一定的盲目性；采摘园建设雷同，呈现出低水平重复、低层次竞争等不良态势；部分采摘园规模小、项目单一，导致建设与服务投入不足，市场表现不力；此外，基础设施不完善、接待能力不足、服务不规范、管理粗放、员工素质不高等问题，极大地影响了农业采摘园的持续发展，限制了对农民增收致富作用的发挥，也为这一业态的发展提出了新的挑战。

随着城市化进程的加快，城市生活节奏不断加快，城乡居民的消费观念不断更新，对采摘园提出了更高要求，采摘园面临着提档升级的挑战。采摘园的发展要重点围绕多功能开发、特色景观营造、产品创意开发、服务体验参与、地域文化展示、科技信息服务等方面，突出一二三产业融合发展，强化人才培养与经营管理，实现更高经济效益和社会效益。未来农业采摘园的发展要进一步强化生态优先、可持续发展原则，合理布局、因地制宜原则，主题明确、突出地方特色原则，以人为本、注重体验原则，以及龙头带动、社会参与原则，加快推动农业采摘园从单一功能向多功能升级，从生产主导向服务主导转变，从注重生产链向追求价值链转变。

总之，结合新时期乡村振兴战略的推进，农业采摘园将迎来新的发展机遇期。推动农业采摘园发展要坚持"绿水青山就是金山银山"的发展理念，不断强化采摘园建设对乡村经济和社会发展的支撑作用，积极开发现代农业发展亮点，增强乡村经济发展活力，推动乡村全面进步。这是编写本书的主要目的，也是当前促进农村经济社会持续发展的重要举措。

本书主要介绍了有关农业采摘园的基本知识，规划建设、经营管理和发展的成功案例。在编写过程中，笔者参考了国内其他有关院校和相关单位的资料，借鉴了一些网络资料，在此深表感谢。限于笔者水平，书中难免存在错误和疏漏，衷心希望广大读者批评指正。

编 著 者

目录 | Contents

三、采摘园发展趋势　23

四、采摘园规划与设计　29

五、采摘园基础设施规划　45

六、采摘园区建设与病虫害防治　51

七、采摘园创意营销　79

八、采摘园认证管理　101

采摘园及其发展

一

Q1 什么是休闲农业？

休闲农业是在农业、农村基础上发展起来的，融农业生产与休闲观光于一体的新兴产业。休闲农业是利用农业景观资源和农业生产条件，发展观光、休闲、旅游的一种新型农业生产经营形态，也是深度开发农业资源潜力、调整农业结构、改善农业环境、增加农民收入的重要途径。在综合性的休闲农业区，游客可观光、采果、体验农作活动、深入农民生活、享受乡土情趣。

Q2 什么是观光农业？

观光农业是一种以农业和农村为载体的新型生态旅游产业。近年来，随着对农业多功能的进一步认识，人们发现现代农业不仅具有生产性功能，还具有改善生态环境，为人们提供观光、休闲、度假的生活性功能。随着收入的增加、闲暇时间的增多、生活节奏的加快以及竞争的日益激烈，人们渴望多样化的旅游，尤其希望能在舒适宜人的农村环境中放松自己。农业与旅游业边缘交叉的新型产业——观光农业，应运而生。

Q3 什么是采摘园？

农业观光采摘园是一种以农业和农村为载体的新型生态旅游业形式，是一种新型的农业经营状态，是观光农业的载体。它利用农业生产的场地、产品、设备、作业及成果为观光者提供服务。采摘园的发展能够持续保护和改善生态环境，防治污染，维护生态平衡，提高农产品的安全性，变农业和农村经济的常规发展为持续发展，把环境建设同经济发展紧密结合起来，最大限度地满足人们对农产品日益增长的需求，保护和改善生态环境。

Q4 国外采摘园是如何兴起的？

休闲农业最早是从西方发达国家兴起并发展起来的，比如德国的休闲农业庄园、法国的教育农业园、意大利的"绿色假期"、西班牙的乡村旅游、美国的休闲农场、日本的观光农业园、荷兰的现代农业园、新加坡的高科技农业园等。这些国家的生态观光农业已由单一的观光型向集观光、休闲、度假、体验农业等于一体的多功能型发展。在全球各个国家和地区，采摘都是人们喜闻乐见的农业参与方式。

在美国，许多农场通过举办节日和其他活动来吸引游客，美国境内也在掀起一阵农场旅游热潮。无论是自己采摘苹果，还是体验货车自驾，或者是在玉米田迷宫里游荡，游客们都希望能有一个独一无二的旅游经历。这股被称之为农业旅游的热潮已经成为美国快速成长的产业。农场旅游潮不仅帮助农场主们获取了额外的收入，也刺激了乡村经济发展。美国农业调查数据显示，2012年农民通过农场旅游获得了超过7亿美元的收益，比过去5年所有收入增长了24%。

在英国，农场主能够在从事农业生产的同时，在私营农场上搭建与旅游相关的设施，开展各种形式的旅游经营活动。游客可以亲自参与农业活动，如喂养家禽、采摘果实、收割农作物、捕鱼，甚至租地耕种。英国用于旅游开发的农业生产面积较小，游客的活动空间不大。旅游景点雇佣的员工数一般少于10人，对景

点的投资也不多，年营业额多在 10 万英镑以下。景点规模的控制保证了英国农业休闲旅游项目的个性化和游客的体验质量。

在日本，有的采摘园按照农业公园的经营思路，把农业生产场所、农产品消费场所和休闲旅游场所结合为一体。如葡萄园公园将葡萄园的观赏、葡萄的采摘、葡萄制品的品尝，以及与葡萄有关的品评、绘画、写作、摄影等活动融为一体。除了果品、水稻、花卉、茶叶等专业性农业公园外，目前大多数农业公园都是综合性的，包括服务区、景观区、草原区、森林区、水果区、花卉区及活动区等。农业公园的面积因性质和功能而异，既有迷你型的水稻公园，又有几十公顷的果树公园。

市民远离都市到农场采摘，采摘过程的体验胜过采摘成果本身。因此，如何使采摘者有丰富而快乐的感受过程才是最重要的。这不仅要求田地及周边自然环境赏心悦目，硕硕果实还要非常诱人，更重要的是整个采摘过程应有人引导和服务，从采摘引导、工作人员讲解，到现场采摘，再到农场周边的环境和游乐服务，都要给人良好的休闲体验。

Q5 我国采摘园是如何产生的？

我国是农业大国，发展生态观光农业较早的是台湾省。在 20 世纪 70 年代，随着农业的转型，我国台湾地区的观光休闲农业兴起，涌现了一大批专业化和规范化的休闲观光农场。我国大陆生态观光农业是改革开放以后兴起的，首先从深圳开办的荔枝园和荔枝节开始，之后北京、上海、广州、成都等大城市郊区也陆续发展了生态观光农业。

近年来，伴随着国民经济的快速发展和城市化进程的不断加快，郊区农村旅游进入有史以来发展最快、最受社会关注的时期。工作和生活整日都被"关"在钢筋混凝土大厦的城市人需要到一个充满鸟语花香的自然环境中去观赏美景、品尝野味、采摘劳作、健身摄影、购物度假等。观光采摘园是体现农业生活功能和生态功能的重要形式，可为郊区农村发展现代林果业、增加农民收入、促进农村经济发展开辟新的途径。

农业观光采摘园以自然为舞台，以传统文化和乡土风情为内涵，依托乡土果木，让旅游者走进质朴、明丽、生机盎然且散发泥土芬芳的生产性园林中，体验收获鲜果的滋味和乐趣。

Q6 我国采摘园发展情况如何？

近年来，在市场拉动、政策推动、创新驱动、政府带动下，我国休闲农业和乡村旅游蓬勃发展，整个产业呈现出"发展加快、布局优化、质量提升、领域拓展"的良好态势。2016 年，全国休闲农业和乡村旅游接待游客近 21 亿人次，营业收入超过 5 700 亿元，从业人员 845 万人，带动 672 万户农民受益。休闲农业和乡村旅游已经成为农业旅游文化"三位一体"，生产、生活、生态同步改善，农村一二三产深度融合发展的新模式，在发展现代农业、增加农民收入、建设社会主义新农村和全面建成小康社会中发挥着越来越重要的作用。

"吃农家饭、住农家屋、做农家活、看农家景"成了农村一景，采摘园发展迅速。近年来，随着观光采摘园功能的不断增加，建设水平不断提高，接待能力与综合效益显著提升。以北京市为例，2005—2015 年，北京市农业观光园数量从 1 012 个增加到 1 328 个，年均增长 3%；接待人次从 892.5 万人增加到了 1 903.3

万人，年均增长 10%；经营总收入从 7.88 亿元增加到 26.31 亿元，年均增长 21%，极大地促进了农民致富增收。

Q7 我国台湾地区采摘园发展的主要经验有哪些？

随着地区经济的发展与城市化进程的推进，我国台湾地区不断吸收欧洲、日本等国家和地区的农业经验，推动休闲农业发展。台湾省休闲农业具有综合性与多功能性的特点。观光农园、休闲农场、市民农园、教育农园等，都蕴含了采摘园的形式。

20 世纪 60 年代末，农民开放成熟期果园让人观赏，之后逐渐形成观光果园。1980 年台北市木栅区指南里创设"木栅观光茶园"，开启了台北市观光农园的先例，标志着台湾休闲农业的正式开始。随后，茶园、菜园、花园、牧场、渔场等类型农园也相继向市场开放。这一时期，观光园区开始配备观光游客所需的简单服务设施，并逐步向内容更加丰富的休闲农业发展。20 世纪 90 年代，随着社会快速发展，人们的精神需求不断提高，台湾省休闲农业规模不断扩大，经营形式更加多样，出现了森林游乐区、乡村旅游、休闲农场、自助农园、昆虫馆等，能提供采摘、垂钓、品茗、住宿、度假等多种休闲活动。

进入 21 世纪以后，我国台湾地区的农业总体上进入了农游合一的发展阶段。农业已经不再是单纯的生产性产业，而是通过不断拓展功能、丰富形态、优化结构，成为聚集食品生产、市民休闲、度假体验、教育交流等功能的复合型产业，使台湾省农业的非农效益超越了直接销售农产品的收益。包括采摘园在内的台湾省休闲农业的发展经验可以概括如下。

（1）产业开发系列化，全方位延伸农业产业链 产业融合是现代农业发展的重要方向，产业链是现代农业产业化的核心元素。台湾农业重视从一产、二产到三产的融合与扩展。产业融合不是简单的"1+2+3=6"，而是"1×2×3=6"，因为三产融合，缺少其中任何一项，所有的努力都会归零。我国台湾农业将产业融合视为成功的关键，重视产业链创新与创业，围绕都市群体的生活需求，极力拓展产品品类和系列，全方位满足消费者的多元化需求。苗栗县大湖酒庄依托草莓种植，形成了全台湾省最大的草莓观光采摘基地，不仅提供销售、采摘、观光等服务，其产品开发也让人惊叹，多种口味的草莓酒、草莓食品、草莓手工艺品，给游客充分的草莓体验。此外，温馨设置的草莓主题场景也让游客醉心其间，流连忘返。产业的融合不是简单的叠加，产业链延伸也不是单纯的加工和休闲，而是由文化与科技高度渗透而形成的高端特色的产业链条，这成为台湾省农业特色不断强化的关键之处。

（2）线路打造联合化，整合推进区域产业发展　台湾省的乡村旅游最大的特色在于别出心裁，这不仅表现在产品设计上求新求特，更在于乡村旅游从业者都能坚持差异化发展的理念。每一个经营者都在绞尽脑汁探索异于他人的发展思路，极力避免重复建设和无序的低效竞争。在台湾省，每一个休闲农业区内很少能看到两个类似的园区，也很少能看到设计风格相同的采摘园。大家都能够很好地设计自己的园区、开发自有的独特产品，因此能够长久地保持自有特色。在经营中，从业者在坚守自身业务的同时，也非常重视整合营销，开展联合宣传，集中打造区域化的乡村旅游，园区很乐于将周边的民宿或景区介绍给其他的游客，形成互惠互利的合作关系，实现共赢或多赢的局面。这一方面源于经营者的先进理念，另一方面源于区域休闲农业与乡村旅游的

顶层设计。规划者或辅导机构通过更高层面的设计，引导区域产业的差异化发展和合理化布局，促进了整个地区产业的空间整合与协调发展。

（3）旅游营销人性化，发展令人感动的乡村旅游　成功的营销是乡村旅游成功的关键。台湾省乡村旅游从业者善于挖掘各种各样的文化，把握消费者的心理，开展积极主动而又富于创造性的营销。很多人认为文化就是讲自己的故事，通过讲历史、讲文化、讲生态等，将游客引导至其经营理念之下，唤起游客的认同感，进而开展成功的感动式营销。桃米休闲农业区三茅屋民宿的主人廖永坤，将人与自然作为命运共同体，为了保证树木的生长和游客的最佳观赏角度，放弃建造三层木屋的想法，而是改建两层木屋，使民宿与自然融合，尽管短期利益受损，却获得了游客的认可和长久的收益。台湾省宜兰县香格里拉农场董事长张清来，为游客宣讲其"兴农六论"，包括农村农民文化论、农村农业环保论、农业管理科学论、观光休闲论、宜居农村论、农民教育论，认为农民是最好的教育家、农村是最好的教育基地，宣传让都市人接受乡村文化的再教育。这些从业者往往用个人丰富多彩的经历，让游客对农民有认同感、对农业有认知感、对农村有归属感。

（4）产品开发个性化，呈现独特的乡村旅游产品　个性化的产品是都市农业和休闲农业成功的核心载体。台湾省农业发展重视产品的开发。香草能量花园的经营者认为，农场的魅力在于呈现独特的东西，展示自己的感悟。因此，农场最首要的是做自己的产品，而且要与市场上一般化的产品相区别，围绕"天然"这一特质，培育自有核心品质，形成差异化产品；做产品就是做功德，要以自己的体验为考量，满足用户的探索体验；要用最简单的东西、最地道的材料来建构特色农场。在产品开发的过程中，还要重视利用资源提高农场的品位。休闲农业与乡村旅游要竭力营建和创造美，呈现出独特的休闲产品和丰富的美学体验。

（5）辅导机构多元化，形成高效协同的发展社群　台湾省休闲农业与乡村旅游的发展离不开"产－官－学"的协同发展。以台湾省乡村旅游协会为例，该协会在相关行政部门的支持下，联合台湾省民宿协会、茶文化推广协会、休闲农业学会等23家行业协会，台湾大学、亚洲大学、辅仁大学、台东大学等46家学术单位，以及台一农场等86家产业单位共同组成，会员单位达到158家。协会提供了市场分析开发、产业咨询辅导、旅游政策论述、产品开发行销、旅游行程规划、专案规划策划等核心职能。"产－官－学"三界合一，协会围绕业界发展需求，提供了全方位的服务和辅导。桃米休闲农业区是台湾省乡村旅游协会的会员单位，协会为该休闲农业区的发展倾注了大量的心血。自2000年以来，协会每年组织专业学者开展培训，针对社区成员的差异，分类进行社区教育，培训经营者专长，十几年来从未间断，引导当地人和回乡青年在实践中学习进步，在发展中领悟创新，一砖一瓦营造生活，一点一滴追求梦想，长期不断的社区教育，形成了"产－官－学"的协同发展社群，促进了休闲农业与乡村旅游的发展。

（6）合作组织现代化，提升产业竞争力　台湾省汉光果菜合作社，围绕果菜产销，提供全方位的管理、控制与市场行销。汉光合作社对社员的服务项目包括：①销售产品，建立品牌；②提供市场行情及产销信息；③供给农药、肥料及纸箱；④检验蔬果的农药残量；⑤指导安全用药及改善生产技术。

汉光合作社高度重视生产创新，产品以专业化、模式化分段

生产：第一阶段是产前种苗培育及土壤准备阶段，种苗由种苗培育中心自动化培育，可有效防止病虫害的发生，提高土壤利用率，确保品质安全性；第二阶段是生产阶段，所使用肥料均由合作社自行研发调制的纯有机肥料，运用生物防治，使用阻隔或天然植物萃取液等方法实施病虫害防治。

合作社培训社员不遗余力。合作社每年拿出 10% ~ 15% 的利润用于社员的培训，定期、不定期邀请岛内外知名学者、企业家为合作社成员举办相关的新技能、新方法、新产品、新知识、新思想、新理念等各类讲座，目标是将社员培养成积极向上、共享工作与生活乐趣的新时代农民。

合作社运销创新持续不断：①拓宽运销通路，发展宅配送业务，采用会员制及有限责任制的营销方式，将新鲜蔬菜通过营养的调配直接配送到会员家中；②产销透明化，信息普及化；③与消费者沟通，掌握消费动态；④采用新营销方式——网络购物。

为提高合作社的竞争实力，汉光社还投资兴建了冷藏、运输、果菜种苗生产线以及信息网络等一整套的现代化设备。汉光合作社计划加速产业升级、加快运销现代化步伐，并建立产销预测信息网络，进军国际市场等。

（7）重视社会价值，回报社会发展 近年来，台湾省休闲农业相关从业者在自身取得成功的同时，不忘回馈社会，体现了台湾农人的价值追求。近年来，台一农场接纳了十几位智力障碍人士加盟，并给予他们平等的劳动报酬，促进了弱势群体的就业，为社会做出了贡献。此外，台一农场还积极开展台一现代农业培训，满足社会对相关产业发展的培训需求，并进一步延伸拓展，将台湾省模式复制到大陆，与贵州省金沙县合作建立台金农场，目前已经成为贵州省重点支持的现代农业示范园区。

晁阳绿能园区以"环保、永续、乐活、健康"为理念，引领传统农业向生态农业转变，吸引了许多年轻人重回农村、重圆创业梦想。

Q8 采摘园的功能有哪些？

以农业生产为基础，采摘园的功能在不断扩展、外延在不断扩大。从目前的生产水平看，采摘园具有六大功能。

（1）**经济功能** 采摘园具有产品优质化、设施现代化和管理科学化的特点。第一，采摘园能够提供大量名、特、优果品，满足城市居民日益增长的消费欲望和市场竞争要求，从而创造可观的经济效益。第二，采摘园作为观光休闲场所，通过提供观赏、体验、品尝、选购等消费服务形式，使农业资源转变为旅游资源，直接增加采摘园管理与经营的附加值，改善农产品产业结构，提升采摘园的综合效应，促进农业可持续发展。

（2）**生态功能** 生态观光采摘园有助于保护生态环境、维护生态平衡、提高生态农业系统中的生产率，使自然资源和人文资源得到持续利用，而自然资源和人文资源是旅游资源的源头。可持续发展的旅游资源观就是指资源的持续利用，通过旅游资源的合理开发、节约使用，以及保护环境和维护生态系统的动态平衡，实现地区经济和旅游产业的可持续发展。

（3）**社会功能** 发展观光采摘园，能够促进当地经济发展，促进农村劳动力转移，提高郊区居民的生活水平，减小城乡之间的差距，加快城乡一体化进程。采摘园可以通过吸引更多的城市居民到郊区去，来提高公众对农业和农村的认知水平。城市居民观赏采摘园、参与农作，不仅能给农民带来先进的经营、管理理

念，促进城乡之间的文化和信息交流，促进农村开放，转变农民的传统、落后观念，还能增进城乡居民的情感交流，促进城乡和谐发展。

（4）**游憩功能** 采摘园融农村自然风光与人文景观于一体，提供给游客清静、优雅、温馨、祥和的户外开放空间，使游憩者享受乡野风光及大自然的乐趣，是丰富市民的文化生活、缓解市民工作压力、提高生活质量的有效途径。此外，农村采摘园的发展极大地满足了现代都市居民回归自然的意愿。

（5）**教育文化功能** 农业采摘园为市民参与农业、了解农产品生产过程、体验农村生活创造了良好的机会，尤其为城市的青少年了解自然、认识社会、了解农业和农村文化创造了条件，使农村特有的生活文化及许多民俗技艺获得进一步发展、延续和继承，同时还能带动农村特色文化的发展。此外，参与农事活动和采摘活动能增加人们的交往和沟通机会，减少居民之间的疏离感，增进城乡居民之间的友谊。

（6）**医疗保健功能** 观光采摘园静谧、优美、开阔的环境，可以放松人们的紧张情绪，减少其心理上的焦虑和压力。鲜美的果蔬、明媚的阳光、自然的声音，也有利于某些疾病患者恢复健康。

Q9 采摘园有哪些特性？

（1）**园区观赏性** 采摘园以果树生产为基础，结合自然环境和农村特色，运用园林设计的理论进行规划和景点布局，并配置一些必要的园林建筑、休闲设施，具有很强的观赏性和趣味性。

（2）**参与体验性** 清新广阔的农业环境对城市居民具有很强的吸引力，他们非常乐意直接参与农事活动，在农业生产习作中体验技艺、享受乐趣、增长知识。这种需求的本身决定了采摘园具有参与体验的特性。

（3）**项目多样性**　采摘园是果蔬业和旅游业相结合的混合型产业模式。作为一产和二产，它直接生产供人们品尝食用的多样果蔬及其加工品；作为三产，它被作为观赏、休闲和参与的对象来开发利用，应具有设计的多样性、景观的多样性等特性。

（4）**市场定向性**　采摘园主要是为那些愿意了解农业、参与农业、体验农村生活特点的城市居民服务的，其消费对象是城市居民，目标市场是城市，具有鲜明的市场定向性。

（5）**效益综合性**　采摘园是以混合型产业模式经营，既有第一产业直接生产农产品的特点，又有第三产业为前来观光休闲人群提供服务的特点，同时还是高效农业集约化生产的示范园。它具有生态环保和转移劳动力就业的双重作用。因此，采摘园的效益是综合的。相对一般农业来说，收入来源更多，产品附加值更高，经济效益和社会效益更加显著。

Q10　发展采摘园的好处有哪些？

采摘园是观光农业的有机组成部分，是发展农村经济的一个重要增长点，具有多方面的重要意义。

（1）**集聚资本、技术要素，提高农业生产水平**　党的十九大提出乡村振兴战略，着重推进农业农村现代化建设。"三农"的核心是提高农民收入。果蔬业是农业收入的一个重要组成来源，旅游观光采摘业是旅游农业的另一个重要组成部分。近年来，各级政府不断加大对果蔬园林建设的投入，大大促进了果蔬业生产水平的提高，也大幅度增加了农民的旅游开发收入。同时，农民又

将多赚的钱用于观光采摘园建设，促进了旅游观光农业的良性循环和发展。

（2）拓展农业功能，延伸农业产业链　采摘园是一个综合性的产业，包括食、住、行、游、购、娱6个要素，涉及农产品产前、产中、产后的相关产业，又涉及餐饮、住宿、交通、娱乐等商业行为。加快蔬菜生产资料的生产与供应，不仅会带来人流、物流和信息流，带动农业产业链的发展，而且还能带动种植、养殖等产业链的协调发展。

（3）充分利用农村资源，大力发展乡村旅游　利用历史古迹、人文景观、风景名胜、度假区等建立采摘园是增加客源、提高经济效益的一种重要的运营模式。我国各地区的自然景观区、历史景观区、人文景观区和文化景观区较多，在建立采摘园时，应充分考虑与景观区的链接，关注景观客流的规律，注意与景观的互相协调和融合，充分利用景观旅游的优势，扩大采摘园的优势。

（4）提高农民收入，加速城乡一体化进程　采摘园的发展有助于农村引进资金、技术、人才，有效改善近郊地区信息闭塞、生产要素缺乏的状况，引导区域性采摘园按市场要求变化而进行经营，增加销售渠道，开拓采摘业市场，提高果蔬品的知名度和商品价值。农业采摘园能够优化农村产业结构，增强果蔬品的市场竞争力，提高农业生产的高附加值，有效地增加农民收入，增进城乡之间的文化、观念和信息的交流，进而加速城乡一体化进程。

（5）促进农村就业，带动农民增收致富　农业采摘园本身是劳动密集型产业，将采摘生产与旅游结合，对劳动力具有更强的吸引力，为农村多余的劳动力提供了大量的就业机会。农业采摘园的发展显著提高了农民收入，有助于实现农民就地就近就业，有利于提振农村经济、稳定社会环境，促进农村经济和社会可持续发展。

（6）改善环境质量，提高生态效益　采摘园以绿色果蔬业为主体，可以净化空气，吸收、反射噪声，调节区域气候，保持水土、涵养水源，保持生物多样性，维护生态平衡，提高城市环境质量，是城乡生态环境的重要组成部分。采摘园具有乡村田园景观、生态认知、防火减灾、种养生态循环等生态功能，是改善城乡生态环境、发展生态经济的重要途径。

采摘园的发展背景

二

Q1　什么是大众创业、万众创新？

推进大众创业、万众创新，是发展的动力之源，也是富民之道、公平之计、强国之策，对于推动经济结构调整、打造发展新引擎、增强发展新动力、走创新驱动发展道路具有重要意义，是稳增长、扩就业、激发亿万群众智慧和创造力、促进社会纵向流动和公平正义的重大举措。

2015 年 3 月，国务院办公厅印发《关于发展众创空间推进大众创新创业的指导意见》（以下简称《意见》）。《意见》指出，顺应网络时代大众创业、万众创新的新趋势，加快发展众创空间等新型创业服务平台，营造良好的创新创业生态环境，是加快实施创新驱动发展战略，适应和引领经济发展新常态的重要举措，对于激发亿万群众创造活力、打造经济发展新引擎意义重大。

农民是新常态、新阶段背景下推动大众创业、万众创新中人数最多、潜力最大、需求最旺的重要群体。改革开放以来，我国农民创新创业蓬勃发展，不断为发展现代农业、壮大二三产业、建设新农村和推进城乡一体化做出贡献，涌现出一大批卓有建树的企业家和懂经营、善管理、素质高、沉得下、留得住的农民创新创业骨干队伍。与此同时，各地主管部门认真履责、主动作为，推动农民创新创业服务工作广泛开展。但就整体而言，农民创新创业服务能力尚待提高，服务体系尚不健全，制约了农民创新创业的开展。

各地实践表明，加强农民创新创业服务工作，有利于以创新引领创业、以创业带动就业，吸引各种资源要素和人气向农村聚集，培植农产品加工业、休闲农业和农村二三产业新的经济增长点；有利于构建现代农业产业体系、生产体系和经营体系，推动农村一二三产业融合发展，促进农民就业增收；有利于筑牢新农村和小城镇产业支撑，促进城乡发展一体化，推动稳增长、调结构、促改革、惠民生。因此，必须把加强农民创新创业服务工作作为主管部门的重要职责，进一步增强责任感和使命感，下大力气、形成合力、抓紧抓好。

Q2 农村创业的新形势怎样？

近年来，中央对农业的投入持续加大，连续出台了五个"一号文件"，相关的扶持政策也陆续出台，使土地改革成为一个新的浪潮，成为最耀眼迷人的新词汇。伴随着相关农村改革、土地改革政策的贯彻实施，也让农村发生了新变化，许多农村创业项目也跟随政策利好应时而生，农村广阔天地大有可为。

据农业部统计，近年来全国农民工返乡创业人数已累计达450万人，中高等院校毕业生、退役士兵等返乡创业者则有120多万人。过去居住在城镇的科技人员、中高等院校毕业生等，也有130多万人到农村创业创新。

Q3 农民创业有哪些政策？

自 2016 年 11 月份国务院办公厅下发《关于支持返乡下乡人员创业创新促进农村一二三产业融合发展的意见》以来，农业部发挥牵头作用，联合 12 部委建立农村创业创新推进协调机制，目前有 17 个省份建立推进协调机制，建立了全国农村创业创新园区（基地）目录，公布了 1 096 个园区（基地），其中有 7 家列入了

第二批国家大众创业、万众创新示范基地。

自国务院办公厅印发《关于支持农民工等人员返乡创业的意见》起，农民工返乡创业就受到社会各界的密切关注。农民工返乡创业是发展农村的重要基石。目前各类返乡下乡人员已达 700 万，其中农民工 480 万。在返乡下乡人员创办的企业中，有 80% 以上都是新产业新业态新模式和产业融合项目，54% 的企业都运用了网络等现代手段。其增加了农村劳动力，促进了采摘园的发展。

Q4 农村经济社会发展状况如何？

（1）农民收入持续增加　"三农"向好，全局主动。"十二五"时期是我国"三农"发展的黄金期。农民收入持续较快增长，扭转了城乡居民收入差距扩大的态势；农村基础设施和公共服务明显改善，提高了农民群众的民生保障水平；农村社会和谐稳定，夯实了党在农村的执政基础。可以说，"十二五"时期开创了农业生产连年丰收、农民生活显著改善、农村社会和谐稳定的新局面。"十二五"时期以来，农民收入年均增长超过 10%，连续多年高于城镇居民收入增幅、高于 GDP 增速。城乡居民收入差距由 2009 年的 3.33：1 下降到 2015 年的 2.73：1，差距值连续 6 年缩小，连续 2 年都在 "3" 以内，是自 2001 年以来最低的城乡收入比。

农民经济收入的持续增长使农民有更多的资金投入到农业发展中，用来增加基础设施服务建设，投入更多的劳动力，促进产业创新，从而推动采摘园发展。

（2）市民休闲需求日趋旺盛　随着我国节假日的增多，广阔的乡村激发了人们对于旅游休闲的向往，为旅游业的发展提供了极其广阔的市场发展空间。随着市民生活水平的提高，其返璞归真的需求越来越强烈。特别是一些曾经下乡劳动过的中年人，愿意重新去感受一下曾经单纯的农作生活，也愿意自己的子女能够体验一下农村的生活环境和生活方式。城市中的白领阶层也把去农村旅游看作一种时尚。

Q5 为何要大力实施乡村振兴战略？

党的十九大报告提出实施乡村振兴战略，要求坚持农业农村优先发展，按照产业兴旺、生态宜居、乡风文明、治理有效、生活富裕的总要求，建立健全城乡融合发展体制机制和政策体系，加快推进农业农村现代化，要求构建现代农业产业体系、生产体系、经营体系，完善农业支持保护制度，发展多种形式适度规模经营，培育新型农业经营主体，健全农业社会化服务体系，实现小农户和现代农业发展有机衔接。促进农村一二三产业融合发展，支持和鼓励农民就业创业，拓宽增收渠道。培养造就一支懂农业、爱农村、爱农民的"三农"工作队伍。

乡村振兴战略是决胜全面建成小康社会的战略任务，也是加快推进农业农村现代化的必然要求。"三农"问题已成为我国经济社会发展不平衡和不充分的重要表现，成为新时代中国特色社会主义主要矛盾的主要方面。实施乡村振兴战略，加快推进农业农村现代化，不仅要推进乡村经济政治社会文化生态"五位一体"全面发展，更是为了使我国经济社会发展更加协调和平衡，能够更好地补齐乡村在全面建设社会主义现代化强国进程中的短板。实施乡村振兴战略是做好新时代"三农"工作的重要指针。实施乡村振兴战略，是以习近平同志为核心的党中央对新时代"三农"

工作做出的一项新战略、新部署、新要求，是促进农业发展、农村繁荣、农民增收的治本之策。

产业兴旺是乡村振兴的有力支撑。产业是推进农业农村现代化的原动力，产业兴旺是乡村振兴的支撑。我们要牢牢把握推进农业供给侧结构性改革的主线，把增加绿色优质农产品供给放在突出位置，用改革创新的办法调整优化农业要素结构、产品结构、技术结构、区域结构和主体结构，从整体上提高农业供给体系的质量和效益。

采摘园发展趋势

随着城乡居民收入水平的不断提高，其消费水平也随之提升。未来休闲农业观光采摘的需求无疑会持续扩大。因此，观光采摘必须持续拓展功能，积极推进融合发展，才可以拥有更加旺盛的生命力和更加广阔的市场。目前，各地采摘园正在朝着产业化的方向发展，生态化、特色化、品牌化、综合化的发展趋势日渐凸显。

Q1 如何做到规划编制科学化？

采摘园的发展依赖于产品特色的培育和个性化的凸显，采摘园的发展要进行科学合理的规划。各采摘园应根据自身实际情况，综合规划，因地制宜，明确域内开发的线路节点，合理利用原有资源，把当地元素有机地融入当中。每个节点和景区都要有自身核心功能和特色产品，不过度开发和建设，充分体现自然生态美、人文气息美、产业兴旺美、乡村和谐美。引进高层次专家、研究学者为规划出谋划策，形成产业设计、产品开发、营销项目等整体方案，并加以有效实施。

Q2 如何做到建设环境生态化？

良好的自然生态环境是一切旅游开发的根本，采摘园更是依托于自然生态环境与人文社会环境。所以，采摘园的可持续发展必须坚持生态化，坚持"保护第一，开发第二"的原则，在保护环境中实现产业发展。采摘园的建设要注重内部环境与外部环境的协调，积极带动美丽乡村建设与农村人居环境改善，实现采摘园与城市郊区和乡村良好生态环境的协调统一，从城乡统筹和区域统筹的高度出发，形成和谐自然的整体生态景观效果。

Q3 如何做到产品开发个性化？

地方性和乡村性是休闲农业的吸引力所在，特色是否鲜明关系到采摘园能否吸引游客。采摘园发展要从质量上下功夫，深入挖掘乡村旅游资源和环境的文化内涵，避免在大范围内出现同质化倾向，并向更高层次推进产业发展，才能够使采摘园具有更强的竞争力和旺盛的生命力。采摘园建设作为休闲农业、现代农业的一部分，要本着为游客提供多种多样的产品和服务的精神，不断扩大产品系列，增强产品细化程度，满足不同类型的游客需求；进一步加强产品创意特色开发，打造具有自身特色、一二三产业融合的产品体系，开发出多品系关联产品，最大限度地实现产品价值，满足消费者的多元化需求。采摘园要坚持做自己的产品，守护自有核心产品竞争力，与普通市场产品有所区别，形成差异化的竞争态势，以个性化取胜于市场。

Q4 如何做到经营管理科学化？

科学论证与合理规划是实现采摘园持续发展的必要条件。对于农业采摘园经营者而言，在项目开发过程中要科学化，抉择之前一定要在对当地旅游资源、客源市场、地理位置等进行充分有效地评估、定位和研究分析市场之后再确定是否能够开发、如何开发，并在日常经营中不断提高管理和经营水平，提高服务意识，多在经营手段和活动内容上下功夫。对于政府而言，在规划的过程中更要注重科学化，以点带面，因地制宜，扬长避短，逐步推

开。同时，要加大投入，改善软环境、硬环境，鼓励采摘园向高品位、高档次、精品化方向发展。

Q5 如何做到形象提升品牌化？

采摘园做大做强，必须破除急功近利和"小而全"的经营模式。未来有资源特色、有经营实力的采摘园将依靠品牌提升来扩大经营，并围绕知名品牌，形成多元化的营销格局。各地政府应进一步整合优势资源，搭建发展平台，将精品采摘园作为区域品牌进行包装和市场化运作，不断提高其知名度和美誉度，打造一批有影响力的知名采摘园品牌和农事节庆活动，提升产业影响力，引领休闲消费热点的形成，提高区域休闲农业发展水平和经济社会效益。

Q6 如何做到开发模式组织化？

采摘园发展仅靠一家一户的单一经营主体难以开展品牌建设与市场开发。因此，要积极引导采摘园组成专业合作社，联合各个采摘园，带动周边区域全面发展。依托组织优势，开展标准化生产基地认证、品牌推广及商标注册，统一开展标准化生产，合力推动农超对接和多种经营互动，加强区域农业观光资源整合，促进区域特色产业开发，加快农民增收步伐。

Q7 如何做到体验互动人本化？

采摘园的经营要注重经营者与游客的互动，尤其是在价值观念、经营理念方面的深层次交流。经营者要学会通过讲故事、讲历史、讲文化、讲生态等叙事方式，将游客引导至其经营理念之下，唤起游客心底对采摘园的认同感，进而开展成功的感动营销。

Q8 如何做到收入渠道多元化？

如果经营者的收入来源渠道单一，必然产生旺季时车水马龙、淡季时门庭冷落的局面，不仅影响经营者的经济效益，而且会导致恶性竞争。未来采摘园的可持续经营，必须以多种经营方式和多元经营内容开辟多条收入渠道。如通过"农家乐"季节性特色项目、旅游服务、生产旅游纪念品、直销农副产品、花卉苗木经营等方式来扩大旅游收入来源。这不仅有利于农村经济、农业经济与旅游经济的协调发展，也有利于减轻农村经济因旅游和农业生产的季节性而产生过大波动。

Q9 如何做到营销管理体系化？

成功的营销是采摘园成功的关键。科技的不断进步使人们的生活方式也随之发生变化，获取讯息的方式更是花样繁多。对此，从业者不能再只依靠传统的经营方式进行产业的运作，应利用各类信息传递平台，如网站、平面广告、视频、微信运营号、APP等把产品推出去，挖掘各种各样的文化，把握消费者的心理，开展积极主动而又富于创造性的营销，提高产品的市场影响，加速产品变现，提高采摘园运营效率，增加农民收入。

Q10 如何做到发展支持社群化？

采摘园的发展离不开政府、科研、市场、行业协会等部门的关注。来自多元化社群的力量对采摘园的发展起到重大的推动作用。采摘园发展要整合各个方面的积极因素，加强辅导支持系统的建设，围绕管理机构、行业协会、科研院所、咨询机构、产业一线等相关业内主体，建立公益性的采摘园发展辅导支持机构、健全机构运转协同推进机制，对采摘园发展规划、产品设计、创意开发等提供专业性的支持和全面性的辅导，以携手推进采摘园的持续和健康发展。

采摘园规划与设计

Q1 观光采摘园建设需要哪些条件?

（1）**自然条件**　采摘园应选择在空气清新、水质纯净、土壤未受污染、具有良好农业生态环境的地区。园区河流上游没有排放有毒有害物质的工矿企业，灌溉水应来自深井水或水库等清洁水源。温度、降水、日照、海拔等环境及自然条件能够满足植物生长发育的基本要求，具有能够满足观赏、采摘、品尝、休闲、度假、健身、科普教育等功能。灾害性天气较少发生。

（2）**社会经济条件**　采摘园所在城市或地区必须具备一定社会经济条件。即该地区经济相对比较发达、经济增长迅速、经济结构合理，第三产业的比重较大，城市居民消费水平高，消费结构合理，有稳定的消费群；拥有便捷的交通网络，交通便利。一般选择城市化程度高、交通发达、通讯便利的大城市近郊或具有发展空间的城镇进行采摘园建设；结合当地名胜风景、古迹文化、修学、疗养及度假村等的建设，发展富有特色的采摘园。

（3）**科技条件**　采摘园是一种复合型产业，集旅游、环境、农业等综合经营于一体，必须具备一定的科技手段，既要满足采摘园的生产、产品的加工等所需的物质条件和技术要求，又能够挖掘产品的文化内涵，还要在服务上满足消费者的不同需求。这就需要将传统农业与现代经营管理科学地融合，选择灵活的营销方式，建立全新的综合管理体制，适应市场需要。

（4）**市场条件**　采摘园要有广阔的客源市场。在选择建设之前，首先必须进行可行性分析、调查周边地区消费水平，同时研究与旅游观光有关的客观条件和配套设施，如高尔夫球场、网球场、酒店、果品店、游乐设施、生产操作技能、观光车及导游、服务、环卫等，为经营者提供市场分析依据。

不同观光地区的地理位置、人文环境、风光特色、交通通信、餐饮食宿等因素直接影响采摘园的发展，在考虑不断完善这些条件的情况下，逐渐吸引不同层次的消费群体和观光旅游者是采摘园不断发展的基础。

Q2 建设采摘园的原则有哪些？

（1）生态性原则　采摘园建设要坚持生态农业发展的方式。通过集中打造生态化的种植空间，实现产地环境的生态化；通过加强采摘园周边环境建设，形成良好的发展空间。以生态化的产地环境，培育优质、生态、安全的优质农产品，推动生态环境向生态资本转化，进而形成观光采摘生态经济的发展模式，形成生态环境—生态产品—生态园区的发展路径，实现生态经济和谐发展。

（2）经济性原则　采摘园建设要以增加农民收入为根本目标，坚持富裕农民的经济发展导向。这要求采摘园建设要开展广泛的市场需求调研，围绕消费者需求进行采摘园功能定位和形象定位，在选择主导产品和品种时充分考虑市场的特点和需求，开发适宜采摘且适销对路的优质特色产品；要充分发挥主观能动性，深入研究品牌建设，不断拓展多元化销售渠道，充分实现产品的品牌价值，实现促农增收的根本目的。

（3）参与性原则　采摘是采摘园价值实现的主要方式。游客参与体验居于核心环节。在采摘园中，设置诸多互动性、参与式的体验活动已成为当前生态农业消费的主要内容。采摘园建设之初就要按照观光采摘的标准进行园区设计，而非单纯按照生产园的标准进行设计，突出观光采摘的个性化需求；着重设计基本的采摘活动，可以专门设置相关的采摘区、多种体验区，为采摘活动提供相关的基础设施和服务设施，并不断改善采摘环境，增强游客采摘体验；此外，采摘园要加强创意活动的开发设计，通过不断拓展参与体验内容，丰富游客活动，提高游客参与度，增进休闲体验。

（4）**特色性原则**　特色是采摘园在激烈的市场竞争中获胜的关键要素。采摘园建设要紧密围绕资源特色，找准突破口；着重培育特色产业，选择具有较大市场潜力的主导产品和差异化产品；重点开发特色产品，利用地方文化资源，强化创意，形成富有文化魅力的特色产品体系；加强培育活动特色，设计多种采摘活动与休闲活动结合的模式，延长游客采摘体验时间，形成具有自身特色的采摘园系经营内涵。

（5）**文化性原则**　乡土民俗文化是我国传统文化的瑰宝，也是休闲农业持续发展的灵魂。针对目前采摘园存在的建设同构和产品同质问题，要加大乡土民俗文化的收集、整理、挖掘力度，开展采摘园文化资源挖掘与文化景观建设活动。按照传承与创新相结合的理念，就地取材挖掘田园文化，寻幽探微发扬山水文化，追根溯源传承建筑文化，去伪存真浓缩民俗文化，促进乡土文化创意在采摘园中落地生根，形成乡土民俗文化浓郁的采摘园，提升采摘园的文化内涵。

（6）**多样性原则**　采摘园的发展依托于休闲农业资源的多样性和社会需求的复杂化，因而其表现形式上趋于多元化。在规划设计上，注重景观多样性的合理设计，营造物种、景观类型、景观格局、板块多样性的系统；在色彩方面，要有丰富多彩的颜色变化，给人以和谐的视觉感受，利用常绿、落叶树种搭配，乔木、灌木、草本植物层次性构建，创造四季有花、终年常美的园林景观式生态采摘园；在硬件建设上，提升采摘园建设标准，形成多种种植方式并存的格局；在采摘与服务体验上，突出多样化活动方案与多样化的服务供给，使游客真正体会到田园生活的乐趣。

（7）时效性原则　采摘园需要因地制宜，充分考虑各种作物和景观呈现的时间节点。按照采摘活动需求，调整种植时间和种植品种，确保按时足额供应市场，满足游客采摘及消费者采购需求。观光采摘园不像生产性蔬菜园那样集中生产，成熟后投放市场就行了，而是需要充分考虑当地观光采摘的时节性，特别是节假日，如清明节、劳动节、端午节、中秋节、国庆长假、元旦等，需要通过合理茬口安排和品种搭配，保证可采摘品种的多样性、成熟度。

Q3 采摘园规划指导思想是什么？

采摘园发展要紧密围绕乡村振兴战略，按照绿水青山就是金山银山的绿色发展理念，以市场为导向，以体制创新为动力，以科技为依托，以农民增收为主线，以休闲、求知、观光、采摘为载体，按照"生产空间集约高效、生活空间宜居适度、生态空间山清水秀"的原则，充分挖掘区域资源，放大产业优势，以山水田园为韵，以生态农业为基，以农旅结合为径，坚持"生态化、产业化、旅游化、景观化"方向，建设高度集约的现代农业、和谐一体的农林景观、丰富多彩的乡村旅游、三产融合的美丽乡村，既使旅游者身心愉悦、知识增益，又能增强游人热爱大自然、珍惜民族文化、保护环境的意识，营造具有知识性、独特

性、文化性、参与性和可持续性的现代观光采摘园，带动农民增收致富。

Q4 采摘园规划有哪些步骤？

采摘园设计是集科学性、技术性、群众性、实践性于一体的工作。它不同于传统的果园规划设计，也不同于专门的公园规划设计，它既是二者的融合，又是二者的发展和延伸。它有强烈的时代特点，是农业现代化的新产物，其规划设计一般分为3个阶段。

（1）规划准备　采摘园建设是一个交叉性、边沿性、跨学科性的专业门类，要组织多学科的科技人员通力合作，以确保规划设计出一个能充分体现园林设计和果树科技魅力的现代休闲采摘园。准备阶段的主要工作包括组建规划设计班子，编写提纲，制定计划、提高认识、统一思想，形成共识，广泛收集资料，做好各种用品用具等准备工作。

（2）外业调查　深入建园现场进行详细调查，掌握第一手资料。主要有以下几项工作：①测 1/2 000 ~ 1/1000 的地形图（若有现成的可进行放大或缩小，不必重测）；②进行土壤调查分析；③进行现有植被调查；④进行病虫害调查；⑤初步划分立地条件类型；⑥在现场初步进行平面规划。

（3）内业分析　①土壤样品分析，整理土壤调查资料，绘制土壤剖面和土壤类型图；②乔木、灌木、草本植物鉴定，总结植物种类、生长发育等的情况资料，绘制现场图；③病虫害鉴定，提出防治方案；④系统、准确地划分建园的立地条件类型；⑤修改调整平面规划，落实功能区、观光景点、休闲设施及道路、渠道、防护林等的位置，清绘总体规划平面图；⑥分项目景点进行技术设计，绘制施工大样图和景观效果图；⑦进行投资经费概算；⑧进行逐年经济效益预测；⑨编写规划设计说明书；⑩召开成果验收会议。

Q5 采摘园如何对空间布局？

根据采摘园资源特色，充分利用自然条件和社会经济条件，合理布局农业生产区，发挥农产品供给、加工增值、生态保护、休闲观光等多种功能，推进生态、安全、和谐的现代农业建设；通过科学合理的空间分区，实现采摘园的功能整合，为游客提供轻松舒适的良好采摘体验。

（1）种植生产区

①设施蔬菜园　主要种植反季节蔬菜、特种蔬菜，给游人以耳目一新的感觉。游人到此，除了解蔬菜生产的有关知识外，还可以品尝到平日少见的新鲜蔬菜。

②果园　可以作为综合性农业园区的一个组成部分，也可以是专门的观光果园。一般利用原有果园条件，发展优良品种，形成优质高产果园。品种上，南方以荔枝、龙眼、柑橘为主，北方则以苹果、梨、水蜜桃等为主。果园可全面开放或仅局部开放，由游人自己入园采摘、品尝。

③花圃　栽培观赏类植物时，进行各种花卉造景设计，可以作为农业园区的一个景点。

④茶园　在山清水秀、空气清新的茶园进行采茶体验，是一种独特的休闲体验。菜园中常种植桂花等植物，设置菜亭、茶廊等小品建筑以增进茶园体验。可用简单的竹木结构，竹篱茅舍，

别具情调，也可采用古朴的民居风格，体现地方特色。

⑤水产养殖　利用鱼塘养殖家鱼及各种珍贵水产品，在生产的同时，也可作为游人游玩、垂钓的场所。

⑥畜牧养殖　主要养殖牛、羊、猪等家畜，也可开辟专门场地养殖野生动物。畜牧养殖需建笼舍，因其污染大，所以应放在农业园区的边角地段和下风向，并适当隔离。

（2）**管理服务区**　包括管理、经营、培训、会议、车库、生活用房等，与农业园区主要干道联系方便，以便运输和消防。

（3）**休闲配套区**　多靠近观光区或出入口，并与其他功能区隔开，保持一定的独立性，包括餐饮、垂钓、度假、游乐、烧烤等，营造一个能使游人深入乡村生活空间、参加体验的场所。一些以度假为主的农业观光区中，常设立专门的住宿体验区、小木屋区，提供舒适的住宿条件。

此外，休闲配套区还可以包括产品超市、乡村工艺作坊、乡村集市等经营类型。让游客充分体验劳动过程，通过自采、自制、自买的方式亲身体验农产品制作过程，购买乡村旅游产品，推动乡村经济发展。

Q6 采摘园设计的重点是什么？

（1）**四季林相设计**　采摘园中的植物随着四季的更替而出现周期性的变化，春花、夏叶、秋果、冬闲，构成了具有时间序列的园林景观。采摘园设计时可考虑四区设置，即春花区、夏景区、秋实区和冬闲区来体现采摘园的季相景观。

①春花区　通过各类果树生产区交错布局，体现万紫千红的春景。

②夏景区　宜选择高大乔木果树，合理搭配在此期间成熟的果树品种，如早熟苹果、晚熟桃、杏等，此区可用一些藤本作物，如葡萄、葫芦、丝瓜等，搭建不同形式的廊架，供人们休闲尝果。

③秋实区　主要在体现果实和秋色时，把同类果树放一起，构成大面积的美丽色块，也可点缀色相差较大的果树品种，给人赏心悦目的感觉。

④冬闲区　主要表现果树的树形美和枝条美，这类区域可以增加设施建设内容，如设施果树，可种植草莓、葡萄等品种，增加采摘园休闲体验功能，以丰富冬季体验内容。

（2）多元品种设计　采摘园涉及作物品种繁多，形态各异，在造景时既要注重个体观赏美，又要兼顾到群体协调美，通过协调设计，实现生态价值和经济价值。品种设计要重点关注树形、叶片、花色、果型等要素，实施多元化的品种选择和栽培。

①从树形角度　常见的有蔓生、丛生、灌木和乔木等，根据不同品种特性，可以进行人工控制树形。景观设计时，树体大小、高低要错落有序，过廊应使用篱壁形或棚篱形品种。

②从叶片角度　为突出景观效果，可以考虑采用不同颜色作物进行镶嵌式搭配，以形成多样化的彩色景观，如红叶树、黄叶树和绿叶树的配置。

③从花色角度　要注意花期接近、色相对比强烈、花朵大小相近的可做相邻设置，反之应做分区设置；颜色配置上也要注意由近浅色到远深色，给人以厚重的感觉。

④从果实角度　可以尝试按照形状、色泽、大小等差别进行生产配置，形成差异化、多样化的果园景观。

（3）造型设计　造型设计是园区，尤其是休闲观光采摘园特色的重要表现方式。但造型设计需要大量的创意元素，在园区整体设计上和重要节点上，突出创意融入，打造园区亮点。注重立体美设计，立体设计要充分利用景观园地形，结合乔化果树、矮化果树、藤本果树、丛生果树和草本果树的树型和高度差，加上其他园林要素，设计多层次的绿色复合空间，形成丰富的轮廓天际线，构成良好的视觉形象。

图 4-1 为香草主题园区。通过将香草园整体设计形式与音乐主题结合，将园区整体造型设计为小提琴的形状，突出了音乐品味，与园区定位一致。

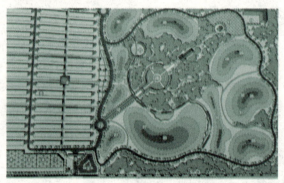

图 4-1　香草主题园区

整形修剪是果树景观造型的主要手段。图 4-2 是河南省新乡市某地对国槐进行的造型设计，与园林艺术相结合，体现了技术与艺术融合后的特色，成为园区休闲体验的重要吸引物。把这些造型协调一致地按照功用进行整形，再按其生长发育的生态条件布局，一行一列，呈线性展开，即可构成一种具有节

图 4-2　国槐造型设计

奏韵律感的园区景观。

Q7 采摘园建设需要注意哪些问题？

采摘园一般建在城市附近的郊区，这里自然环境优美，空气污染较轻，适合人们周末或假期带上孩子休闲娱乐，适合休闲时间较短、短途自驾游的都市人群。温室大棚采摘园是目前休闲农业和乡村旅游中比较流行的项目之一，在投资建设温室大棚采摘园的时候应注意以下几点。

（1）做好规划预算　投资农业项目一定要先进行规划。现在很多农业项目投资较为盲目，没有进行项目前的合理规划、设计，一方面造成投资成本加大，后期流动资金不足或短缺，甚至发生资金链断裂的情况；另一方面，进行合理的规划设计，以避免后期运营和管理成本居高不下，影响采摘园整体利润。

如果资金条件较为充裕，那么可以采用连栋温室（连栋薄膜或玻璃 PC 板温室）形式，这种温室结构先进，可以实现大面积连栋，同时内部设施配置较为完善，可在一定程度上减少人力成本。如果资金较充足，那么考虑到后期的管理和维护资金，应尽量选择连栋温控型薄膜大棚或简易钢架连栋大棚等形式，既能节约投资资金，又能在冬季减少运行费用和成本。当然，温室类型的选择主要取决于采摘植株的选择，以满足植株生长需要为目的。

（2）选择采摘项目　目前，较为流行的采摘项目多为草莓、樱桃、葡萄等。采摘植物的选择，一方面要根据当地市场情况判断，比如当地出产草莓，若再投资做草莓采摘园，就很难形成差异化竞争，别人很容易跟风复制，从而导致项目宣传和推广难度加大，因此，形成产品差异化和新鲜化竞争是采摘园的设计重点；

另一方面，要分析当地消费人群的饮食习惯，当地市场较为热销的水果等都可以作为参考。

（3）**做好技术管理** 温室大棚采摘园项目建设很简单，只需要有足够的资金就可以。但是后期的管理比建设更为重要，一方面要加强园区形象建设，保持较好的园区面貌，以吸引顾客；另一方面，采摘园区内一般都有大面积的作物或绿化苗木，没有专业的技术人员进行维护和管理，也只能昙花一现，很快失去生命力和活力，挑剔的顾客是不会为这些"残花败柳"买单的。

（4）**重点宣传推广** "好酒也怕巷子深"，做采摘园项目成功的重点是推广宣传，可以借助目前较为流行的微信朋友圈、本地论坛、报纸等媒介，提高采摘园在本地区的新闻出镜率，提高采摘园的知名度，吸引更多游客前来观光消费。

（5）**做好相关服务** 采摘园不仅要解决玩的问题，更要解决游客的多元化需求。在吃、住、行、游、娱、购等方面整合资源，建立相应的服务设施，提供全方位的服务。

Q8 采摘园有哪些功能板块？

（1）**智慧农业板块** 该类功能区以提高农业的科技含量为目标，通过引入物联网信息化技术，改变粗放的农业经营管理方式，对农产品的生产环境、生产活动、销售状况实施电子化管理，提高农作物病害防控能力，确保农产品质量安全。同时，采用信息化、智能化、可视化等先进物联网技术特征，实现园区的智能化发展，使其成为新品种、新技术的试验基地。

①**信息化管理服务区** 运用现代化物联网技术，提高整个园区的综合管理服务水平，包括园区信息化管理、订单处理、多元

化信息交流、安全产品展示等服务项目。

②现代农业订单与物流交易区 以现代电子商务为手段，实现农产品流通全程信息的智能化、可控化和透明化。

③设施农业种植区 主要以设施栽培为手段，通过物联网技术实现农业生产过程全监控与管理，提高农业的科技化、信息化水平。

（2）创意休闲农业板块 该板块将运用创造性的思维，以"创意生产、创意生活、创意生态"为主线，将创意融于农业，使农业与时尚结合，寓科教于旅游、观光体验之中，塑造新、奇、特的互动农业。实现农业与创意紧密结合，将观光休闲、拓展娱乐、科普培训及游客管理等功能融入园区，使园区农业生产通过多种形式表现出来，农业从此变得充满趣味、充满创意。主要元素包括以下几个方面。

①入口牌楼 体现农业特色，以植物园艺装饰牌坊，绿色植物为底色，花卉镶嵌于中间呈字符或拼音形状。

②生态停车场 停车场种植植物，实现植物对停置车辆的自然阻隔，每个车位之间绿色相间，相邻而不相扰，实现停车场生态化。

③农夫水果市场 以园区内自产瓜果为主，各种类型的瓜果配合文字说明，向游客介绍瓜果的生长条件、科技含量等相关知识。

④瓜果采摘乐园 不同种类的果树划分为不同区域，在瓜果成熟季节供游客进入园内进行瓜果采摘，体验收获的喜悦。

⑤生态艺术餐厅 餐厅内以采摘园主打产品为主题，提供各种餐饮服务，如梅粥、桂花糕、百合炒鱿鱼等系列花卉菜肴。不同季节采用各类插花装饰餐厅内部，游客在品尝各种花卉美食的

同时，还能观赏各种室内插花艺术和室外花田美景。

⑥**文化展览中心** 与产品相关的文化创意，如干花。干花源于大自然，比绢花、塑料花逼真，不需莳养。在展览中心内主要展示干花制作工序，以及与干花相关的艺术插花、干花壁钟、干花壁挂等各类艺术品和花卉标本。

⑦**草原牧场** 种植大片草场，养殖绵羊、马匹，营造草原的辽阔景观。开展剪羊毛表演和组织骑马的活动。设有露天烧烤场和帐篷露营点，露营点可以解决旅游旺季游客的住宿问题。

（3）标准农业生产板块 该板块多围绕高效蔬菜、花卉、水果、水产等产业，推动标准化农业的发展；同时，以优质、绿色为目标，充分利用现代设施农业技术、节水灌溉技术、立体栽培技术、无公害生产配套技术等农业高新技术进行标准化生产示范，促进各特色产业集约化、设施化、规模化发展。主要元素包括以下4个方面。

①**绿色蔬菜标准化种植区** 以标准化种植绿色蔬菜为主，大力引进企业承包土地开展蔬菜种植，针对本地蔬菜不同的市场定位，选择适宜的品种，合理搭配瓜豆类、茄果类、叶菜类等。在无公害的基础上推行绿色蔬菜标准，规范种植技术，进行无公害、绿色、有机蔬菜产品和产地的认证，打造知名蔬菜品牌。

②**健康水产标准化养殖区** 充分利用现有水面资源，在现有水产养殖的基础上进行标准化鱼塘整治，建成高标准的高产稳产池塘，进行"名优特新稀"健康水产现代化养殖示范，发展健康、高产、高效型渔业，走生态养殖道路，推广先进的生态养殖技术，保护生态环境，创造安全优质的养殖条件，促进水产业的可持续发展。同时，建设旅游观光垂钓区，使水产品养殖生产与旅游观光结合起来。

③优质水果标准化种植区　全面采用标准化管理，铺设自动灌溉设施，强化分块管理，合理设置机耕道。通过先进技术改良土壤，定期更换老旧树种，密改稀、间移间伐，大冠改小冠，挖槽改土，精准施肥，提高产品品质。

④名优花卉标准化种植区　区内主要规模化、标准化种植各类盆花，如蝴蝶兰、君子兰、山茶花、百合、秋海棠等。大面积搭建温室大棚，普遍采用自动控温、控湿设备。

采摘园基础设施规划

五

Q1 交通系统规划包含哪些内容？

（1）**规划设计**　结合园内自然地形、生产管理需要，根据功能分区和项目布局科学布置路网，建立舒适、安全、合理的道路网络系统；保持区内良好的自然生态环境，避免深挖高填，减少竖向创伤面；根据路幅、路面状况和功能，分级设置区内道路系统。停车广场、电瓶车站等附属设施的选址应靠近出入口或线路枢纽，以利于车辆和人流集散，且要有足够的容纳量。

（2）**对外交通**　结合采摘园内外联系，确定对外交通主干道。合理设置采摘园主入口、次入口和主要出口。根据地区文化建筑特点，设计入口特色牌坊，使其成为园区标志性建筑之一。入口旁边可建设巨幅的园区游览平面示意图。

（3）**内部交通**　园区内部交通规划分为3级，即主干道、次干道和生产路。

①**主干道**　以现有道路为基础，按三级公路标准进行维护改造，路基宽9米，路面宽7.5米，建水泥混凝土路面。通过加固路基、整修路面，在两旁建设绿化带，形成整洁、美观的生态景观主轴。

②**次干道**　以现有自然村道路网为基础，按四级公路标准进行改造，路基宽5米，路面宽4米，建水泥混凝土路面。作为各功能区之间的连接道路，满足园区居民生产生活及游客通行要求。

③**生产路**　通常设田间道和生产道两级。田间道是园区主要的旅游景观道和生产道路，用于连接园区内各个景点和生产小区，采用混凝土路面，考虑中型车辆出入，按3.5米宽设计，碎石填

层厚 20 厘米，混凝土填层厚 18 厘米。生产道采用混凝土路面，路面宽 1.5 米，泥结碎石填层厚 10 厘米，混凝土填层厚 12 厘米，能满足小型农用机械的通行和人工田间作业与管理的需要。

Q2 水利工程规划包括哪些方面？

（1）农田水利规划

①水源　采摘园要确定可以采用的地表水或地下水来源。

②灌溉　灌溉采用渠系和管道相结合的方式，对渠系进行"三面光"整治。引水支渠为梯形断面，底宽 1.2 米，高 0.6 米、过水深度为 0.5 米，计划改造引水支渠 20 千米。标准农田设置农渠，规格为 U60 和 U80 两种，农渠采用三合土护面防渗；输水管道采用硬聚氯乙烯（UPVC）管，可采用低压管道灌溉、滴灌、喷灌等。建成后保证灌溉率达 90%。

③防洪　能抵御 30 年一遇的洪水，排洪渠采用梯形断面设计，浆砌块石，防渗厚度 25 ～ 35 厘米，浆砌石料防渗厚度 20 ～ 30 厘米。

④排涝　设计能力为 20 年一遇的降水，24 小时内降雨产生径流量，要排至田面无积水。

（2）生活给排水规划

①给水　以区自来水和地下水作为水源，通过环状－枝状管网系统输送到各个功能区。

②排水　采用雨污分流的排水体制。雨水通过边沟或管道收集后排入就近水体；污水则由管道收集汇入项目区内的污水处理站处理后达到国家排放标准再排出，或由管道收集后接入市政污水管网进行处理。

Q3 如何进行景观系统规划？

强调自然本质，达到人造景观与自然景观相融合，营造富有特色的观赏游乐、休闲度假环境，形成特色农业景观，达到丰富景观层次、提高景观观赏性的效果。

（1）**景观系统规划** 规划区内农田、水渠、花卉等自然要素与居民、度假屋等人文景观相结合，形成统一整体。节点间由花卉、树林、草地形成错落交织的景观轴线，串联多个景观节点，形成多层次视觉效果。注重通过营造大规模的绿色农业生产景观，使景观渗入周边区域，在视觉上延展。

（2）**典型景观规划**

①建筑景观 在满足使用功能的前提下，建筑风格反映地域特色。主要选用木材、茅草、竹子等当地建材，在设计手法、建筑语言符号运用方面，体现当地民居风格；建筑的设计与周边植被等自然环境相协调。

②道路景观 区内网络化道路构成景观走廊。加强道路沿线的景观绿化建设，提高景观层次和质量。新建道路两旁多绿化，注意道路隐蔽，过长路段不宜暴露于景观表面。

不同板块内道路采用不同的行道树，形成不同的植物景观。同时在路灯、指路牌等的设计上结合本项目特色，体现不同于一般的道路景观。

③水域景观 充分利用现存的自然素材创造典型景观，修复并延展具有地方特色的水岸景观植被，营造亲水空间，为游客提供不同的滨水景观和亲水活动体验。

应充分考虑水位多变和洪水、台风等的防治，对岸线景观进行相应处理与设计。

Q4 节能减排的主要内容有哪些？

（1）推广节能环保技术，发展高效农业 在采摘园积极推进以节能减排为主要目标的设备更新和技术改造，引导农户采用有利于节能环保的新设备、新工艺、新技术，淘汰"跑、冒、滴、漏"的农业机械，提高生产效率，倡导清洁生产，实现高效节能的农业产业。

（2）开发利用农副产品和废弃物，实现农业资源的高效循环利用 减少使用石化资源，通过减量化、再利用和资源化，形成低投入、高产出，低消耗、少排放，能循环、高效率的可持续农业体系。推广秸秆粉碎还田、气化、固化等综合利用技术，采取多种途径、多种技术、多种经营方式，因时因地发展循环农业模式，实现农业资源的高效循环利用。

Q5 电力、通讯规划包括哪些内容？

（1）供电 结合采摘园建设对园区内现有供电设施进行改造，根据园区用电需要设置配电房，区内电压线采用地下电缆直埋铺设方式。

（2）通讯 ①逐步完善光纤网络，按不递减光纤环进行建设。逐步改造原有电话网，将光纤延伸到园区主要活动区域，通信网向高速、宽带化发展。②完善现有数字蜂窝移动通信网络，积极发展各种移动数据和增值业务，如多媒体消息、移动定位、游戏类业务等。

Q6 如何开展采摘园环境卫生规划？

（1）生态系统保护

①推广节约型现代农业技术，降低农业面源污染　在项目区广泛开展测土配方施肥技术指导与服务，提倡增施有机肥，减轻面源污染。科学合理使用高效、低毒、低残留农药，运用农业、物理及生物防治技术，减少农药使用的次数和数量，提高防治效果和农药药效。

②综合利用农业生产及居民生活废弃物，实现可持续发展　采取多种途径、多种技术、多种经营方式，因时因地发展循环农业模式，实现农业资源的高效循环利用。

③大力开发可再生能源，促进可持续发展　改变过去资源耗竭性的发展模式，积极开发当地丰富的生物质能、太阳能、风能、地热能、小水电和微水电等可再生能源。

（2）污染物处理

①生活垃圾处理　园区内生活垃圾采用分类收集方式，垃圾收集点按照分类收集要求设置。园区主干道、次干道按100米的距离双侧设置分类垃圾箱。园区垃圾通过市政垃圾处理系统运至指定地点进行填埋、焚烧或回收。

②环卫公共设施　园区设置一两类水冲公共厕所。

③粪便处理　园区内粪便污水排入污水管网，利用沼气池制气，将其作为气源和农业堆肥利用，沼渣等作为园区的农业堆肥使用。

采摘园区建设与病虫害防治

六

Q1 采摘园选址时应注意哪些方面？

　　建立观光采摘园要依据环境质量、气候、土壤、水源和社会因素等条件确定，其中又以气候和土壤为优先考虑的重要条件。园地选择必须以较大范围的生态区划为依据，选择作物最适生长的气候区域，在灾害性天气频繁发生、土壤污染较重，而且目前又无有效办法防治的地区不宜选择建园。

Q2 采摘园对环境清洁的要求有哪些？

　　观光采摘园应选择在空气清新、水质纯净、土壤未受污染、具有良好农业生态环境的地区。园地河流上游没有排放有毒有害物质的工矿企业，灌溉水源应是深井水或水库等清洁用水，避免使用污水或塘水等地表水。此外，观光采摘园要与常规生产的果园、菜园、粮田等保持百米以上的距离，或在两者之间设立物理屏障，防止常规生产园的病虫及农药、化肥等污染物传播到观光采摘园。

Q3 采摘园对气候适宜的要求有哪些？

　　气候因素包括温度、降水、光照等，能否适宜作物生长取决于这些因素的综合情况。比如，栽培苹果的最适宜区域要求年平均气温 8 ~ 12℃，年降水量 560 ~ 750 毫米，1 月中旬平均气温 –14℃以上，年极端最低温度不超过 –27℃，夏季（6 ~ 8 月份）平均气温 19 ~ 23℃，6 ~ 9 月份月平均日照时数 150 小时以上。土壤条件包括土层厚度、理化性状、土壤微生物及水、肥、气、热等多种因素，其中土壤酸碱度、含盐量往往会成为限制因子，每一个树种及作物都有其最适宜的土壤 pH 值范围和盐碱程度。

Q4 采摘园关于适地适作的要求有哪些？

根据当地的气候条件和土壤特点，在冬春气温偏低的地区或干旱地区，应当选择靠近有大水面的地方，这样可以调节环境气温和湿度，能在一定程度上减轻霜冻和旱害。山地缓坡和丘陵地带光照充足、昼夜温差较大，不易遭受霜害，利于提高果实品质。沙荒、江河滩涂，甚至轻盐碱地，只要规划合理，改良土壤，正确设置排灌系统，选择适宜的树种或品种，也可以栽培成功。蔬菜和花卉都是对肥水依赖较重的植物，需选择肥沃的平地建园，同时要考虑地下水位的高低，若一年中有 15 天以上时间地下水位高于 0.5 ~ 1 米，则不宜建园。易内涝的地块也不宜建园。

Q5 观光采摘园土壤改造包括哪些方面？

种植草本作物的土地要求平整度高，在小区内划分的种植田块要求平整度一致，木本作物种植畦可采用平畦或稍有坡度的畦。蔬菜、花卉的苗圃地平整度要求最高，林木果树苗圃地可有一定坡度。土壤改良主要是改善土壤结构，提高土壤水分渗透能力和蓄水能力，减少地表径流，提高土壤肥力。

Q6 沙质土壤如何进行改良？

在春秋翻耕时大量施用有机肥，使氮素肥料能保存在土壤中不流失。每年每公顷施河泥、塘泥 750 千克，改变沙土过度疏松的状况，使土壤肥力逐年提高。对沙层不厚的土壤深翻，使底层黏土与沙掺和均匀。种植豆类绿肥是改良沙质土壤的有效方法，夏季将豆类植株翻入土壤中可增加土壤中的腐殖质。

Q7 低洼盐碱地如何改良？

盐碱地的土壤酸碱度 pH 值都在 8 以上，土壤溶液浓度过高，植物根系很难从中吸收水分和营养物质，引起生理干旱和营养缺乏症。改良盐碱地的方法：一是适时合理地灌溉，洗盐或以水压盐，使土壤含盐量降低。二是多施有机肥，种植绿肥植物，促进土壤团粒结构形成，提高土壤中营养物质的有效性。三是适时中耕，切断土表的毛细管，减少地面过度蒸发，控制盐碱上升。四是观光菜园选择耐盐碱蔬菜品种，如结球甘蓝、球茎甘蓝、莴苣、菠菜、南瓜、芹菜、大葱等。

Q8 黏重土如何改良？

掺沙、客土，一般 1 份黏土加 2～3 份沙。增施有机肥和广种绿肥植物，提高土壤肥力和调节酸碱度。合理耕作，实施免耕或少耕措施，有条件的可通过生草等方法管理土壤。

Q9 山地土壤如何改造？

山地建观光采摘园要事先做好水土保持工程，以防止水土流失。可利用修筑梯田、开撩壕、挖鱼鳞坑等方式来改造山地。

（1）**梯田**　梯田包括梯田面、梯壁、背沟、边埂。

①梯田面　分为水平式、内斜式、外斜式。但要注意，为了能够及时排出地表径流，即使水平式梯田面也要保持一定的坡度。梯田面宽度根据坡度来决定，一般宽 5 ~ 25 米，坡度越大梯田面越窄。梯田面的土来源于上方削面的土和下方垒面的土，垒面土（外侧）肥力大于削面土（内侧），土壤改造重点应是削面的土。

②梯壁　分为直壁式和斜壁式（按与梯面角度划分）。梯壁一般采用石壁、土壁或草壁。石壁可修成直壁式，有利于扩大梯面。土壁或草壁为斜壁式，寿命较长。通常石壁高度不超过 3.5 米，土壁高度不超过 2.5 米。

③背沟　在内斜式或梯田靠削面处开挖排水沟称为背沟，与总排水沟相连，用于沉积泥沙、缓冲流速、排出地表径流水。

④边埂　外斜式梯田会在梯田外侧修筑边埂以拦截梯田阶面的径流，通常埂顶高度和宽度均为 20 ~ 30 厘米。

（2）**撩壕**　撩壕按等高修筑、等高开沟，将沟内土壤堆在沟外沿筑壕，作物种在壕的外坡，常用于山地木本园艺作物的种植。由于壕土层较厚，沟内又易蓄水，在土壤瘠薄的山地可以应用。

（3）**鱼鳞坑**　在坡面较陡不易做梯田的地方，可以沿山开挖半圆形的土坑，坑的外沿修成土坡，在坑内填土，树种在坑内侧。撩壕、鱼鳞坑主要在山区采摘园栽培果树时采用。

Q10 绿篱景观的作用有哪些？

绿篱在园林中的作用多种多样：一是形成境介，分离景区。一些农业园区会利用一些株型高大的龙舌兰等绿篱来形成境介；在南方热带地区有少数民族居住的村庄里，会用多浆植物的霸王鞭构成观赏篱，别有一番风味。二是为园林增添季相美感。随着季节的转换，绿篱植物有着不同的季相变化。例如，火棘、南天竹等观果类植物，在金秋季节会给游人带来丰盛、热烈和收获的愉悦感。三是用作基础种植，美化环境。现在不少园区门前及周围，或道路两侧栽植绿篱，能起到烘托和美化环境的作用，使之显得庄重而富有生机。四是隔离空间，屏障视线。绿篱可以把儿童游戏场所、运动健身场地等热闹场所与安静休闲场所分隔开来，使游人按照划定的范围参观游览，既增强了安全感，又减少了互相干扰。绿篱的种类很多，应用很广，用材也十分丰富。其分类可以从以下几个方面进行。

第一，按生态习性可以分为常绿、半常绿和落叶3种绿篱。常用的植物有桧柏、侧柏、冬青、三角梅、女贞、石楠、红背桂等。

第二，按景观效果，除上述一般性绿篱植物外，还有相当数量的花灌木材料，可分为花篱、观果篱及观赏叶色篱等。例如，江南地区用六月雪、茉莉花、荣梅、杜鹃、月季等作花篱；常见的观果篱有火棘属、小檗属；用于观赏叶色篱的则有红叶扶桑、花叶女贞、地肤、红叶小檗等。

第三，按修剪整形可以分为修剪篱和不修剪篱两种。多数绿篱需要按一定形状进行修剪，但对于生长缓慢的树种及高式竹篱和观花为目的的树种（如杜鹃花、扶桑花等）多为不修剪的绿篱或仅调整局部枝条。对于修剪篱，在修剪中按形状不同有以下几种：①修剪成同一高度的为单层式；②由不同高度的两层组合而成的为二层式；③二层以上是多层式。多层式在空间效果上富于变化。从防范和遮阴效果来说，以二层式或多层式为好。

第四，根据人们不同要求修剪出不同形式。修剪的断面呈正方形和长方形的称为方形篱；断面呈梯形的称为梯形篱，这种篱上窄下宽，有利于地基部侧枝的生长和发育，不会因得不到光照而稀疏枯死；顶部剪成圆形的称为圆顶篱。按绿篱本身高矮形态，可分为高、中、矮 3 个类型。

①高绿篱 其作用主要用以防噪声、防尘、分隔空间之用。它是等距离栽植的灌木或半乔木，单行或双行排列栽植，阻隔视线的规则林带。其特点是植株较高，群体结构紧密，质感强，并有塑造地形、烘托景物、引人遐想的作用，其高度在 1.5 米以上。高绿篱中可开设多种门洞、景窗以点缀景观。造篱材料可选择构树、柞木、法国冬青、榆树、锦鸡儿、紫穗槐等。

②中绿篱 中绿篱在园林建设中应用最广，栽植最多。其高度不超过 1.3 米，宽度不超过 1 米，多为双行几何曲线栽植，具有分隔大景区内风采不同、主景各异的小园、小景的作用。中绿篱的设置可达到组织游人活动、增加绿色质感、美化景观、引人入胜的目的。中绿篱多宜营建成花篱、果篱、观叶篱。造篱材料依功能可栽植栀子、彩叶兰、含笑、木槿、红桑、吊钟花、变叶木、金叶女贞、金边珊瑚、小叶女贞、七里香、海桐、火棘、枸骨、茶树等。

③矮绿篱 矮绿篱用于小庭院或组构成字图等，是高度在 0.5 米以下、宽度在 0.4 米以内的矮小植物带，游人视线越过绿篱可俯视园林中的花草景物。矮绿篱有永久性和临时性的不同设置，植物可更新换代，变化较大。矮绿篱总的要求是植株低矮，花、叶、果具有观赏价值，香气浓郁、色彩鲜艳、可变性强。常用的植物有月季、黄杨、赤杨、矮栀子、六月雪、千头柏、万年青、地肤、一串红、彩色草、朱顶红、红叶小檗、茉莉、杜鹃等。

Q11 行道景观如何打造？

采摘园的道路景观设计要突出本地植物的应用，采取崇尚自然的园路设计，强调与路旁的景物结合，其中尤以其植物景观为胜。行道景观不仅限于路旁的行道树，而且包括由不同植物组成的空间环境。

采摘园中的笔直道路，可以采用整体的行道景观，利用大乔木，如杨树、悬铃木、银杏等作行道树，中间可以穿插放置盆景或种植些低矮小乔木，制造韵律跳跃的节奏感。

采摘园中的道路往往受到地形的限制，会打破整齐行列的格局，所以需注意两旁植物造型的均衡，以免产生歪扭或孤立的空间感觉。可以多采用对比的手法进行行道树的栽培配置。一为树种对比，如道路两侧，一侧为常绿树，另一侧为阔叶树，不仅具有树型的对比，也会在冬季形成落叶与常绿的对比。二为明暗对比，可以采用疏密相间的方式进行道路绿化，让游客在行走时，穿梭于明亮与阴暗之间，形成多变的韵律体验。三为主次对比，在一侧种植大乔木，另一侧种植草本植物或灌木，突出表现高大乔木部分和相对低矮的植物或开阔空间。四是层次对比。在道路两侧景观设计中，突出草本、灌木和乔木由近及远的层次设计感，增加行道景观的丰富性。

配置植物时，一般应打破在路旁栽种整齐行道树的概念，可采用乔木、灌木、花卉、草皮等复层自然式栽植方式，这些植物与路缘线的距离可远可近，相互之间可疏可密。做到宜树则树，宜花则花，不拘一格。在树种的选择上，可突出某一个或数个具有特色的树种，或者采用某一类的植物，以多取胜，创造"林中穿路""花中取道""竹中求径"等特殊的园路景观。

（1）山（坡）径 人工园林中往往采取一些措施来营造自然山径的意趣：山径旁的树木要有一定的高度，使之产生高耸入林的感觉；径旁树木宜密植，郁闭度最好在 90% 以上，浓荫覆盖，光线阴暗；径旁树要有一定的厚度；山径本身要有一定的坡度和起伏，即有一定的长度和曲度；路径的开辟，尽量结合、利用甚至创造一些自然的小景。

（2）林径 平原树林中设的径路称为林径，与山径不同的是平地径旁的植物是量多面广的树林，它不是在径旁栽树，而是在林中穿路，林有多大，则径有多长，植物的气氛极为浓郁。

（3）花径 以花型、花色观赏为主的径路称为花径，它们都是在一定的道路空间里，完全以花的姿色造成艳丽环境，给游人以美的享受。

（4）叶径 突出以观赏叶片为主的植物种植，如银杏、火炬树、黄金槐等具有明显叶片色彩，与周边形成景观对比，尤其是到秋季形成具有视觉冲击力的彩叶、落叶景观，吸引游客流连忘返。

（5）草径 在道路两侧种植草本植物，突出行人与绿色草地的互动。

Q12 大地景观如何建设？

大地景观是指一个地理区域内的地形和地面上所有自然景物与人工景物所构成的自然－人文风貌综合体，包括岩石、土壤、植被、动物、水体、人工构筑物和人类活动的遗迹，也包括其中的气候特征。大地景观是一种以大地为载体，使用大尺度、抽象形式及原始的自然材料创造和谐境界的艺术实践。它通过科学与艺术相结合的手段改变原有场所的特征，创造出精神化的场所，它不是简单地描绘自然，而是参与到自然的运动中去，达到与大地相融的和谐境界。它是基于自然系统自我有机更新的再生设计。

规模农田景观以人为主体，在不破坏生态平衡的前提下，以方便生产、提高农作物产量为主要目标。田成方、林成网、路相通、渠相连，各要素组合井然有序，脉络清晰，标志鲜明，给人以活动的便利和视觉的快感。

规模农田景观的总体景致如下：农田成方平整，林网无残缺、无断带，道路平坦、通畅，道路两边、林网下层适宜绿化，形成优美景观田；大田作物成方连片、种满种严，不留地头、边角，管理精致，青一色、黄一片，风起浪涌，碧波万顷。

这种模式较为突出的是千亩葵海。北京市延庆区千家店镇引进向日葵新品种，大面积推广向日葵种植，打造"千亩葵海"大地景观，成为千家店镇"百里山水画廊"的一大亮点。向日葵种植面积达到 2 000 亩，种植户达 646 户，每亩向日葵种植可产瓜子 125 千克，每千克售价 8 元，收入 1 000 元；加之政府每亩补贴 350 元，每亩可实现收入 1 350 元。另外，向游客出售鲜葵花盘 5 元 1 个，也增加了一定收入。大面积向日葵种植还可吸引游客观光，推动当地旅游产业的发展。另外，千家店镇还有百亩茶园，结合退耕还林资源优势，发展林下经济，累计种植黄芩 1.2 万亩，每年出产黄芩药材 65 万千克，销售收入 455 万元，同时开发旅游产品，发展黄芩茶加工产业，打造黄芩茶特色保健饮品。全镇每年因生产黄芩茶收购黄芩叶 50 吨，每千克收购价格 20 元，可实现当地农民累计增收 100 万元。黄芩茶具有良好的保健作用，长期饮用对人体有益，借此打造长寿岭养生文化民俗特色，也可促进民俗旅游的发展。

Q13 林下景观如何培育?

林下经济是以林地资源为依托,以科技为支撑,充分利用林下自然条件进行合理的林下种植、林下养殖、相关产品采集加工和休闲游憩、科普教育、文化健身等与森林景观利用相关的活动。

观光采摘园,尤其是观光果园,具有丰富的林木资源,林下空间充足,适宜开展林菌、林禽、林药、林花、林桑、林草、林粮、林蔬、林油、林瓜、林游等多种林下经济生产经营活动,形成特色的林下景观。

在实地调研并充分尊重群众意愿、切实维护群众利益的基础上,通过科学规划、合理布局,选择并确定适合当地发展的林下经济模式。

(1)林菌景观模式 利用杨树林、松树林等郁闭林地较好的生态环境,发展平菇、木耳、香菇、草菇等名贵食用菌栽培,形成野生、仿野生的人工和半人工栽培模式。

(2)林禽景观模式 利用林地空间,改善禽类生产环境,林下饲养肉鸭、鹅、柴鸡,采取放养、圈养和棚养相结合的方式。大力发展鸡、鸭、鹅等高品质、无公害蛋禽产品,促进农民增收。

(3)林药景观模式 在林间空地上间种柴胡、黄芩、板蓝根等药材,实现生态效益与经济效益"双赢"、林与药互动发展,探索药、林相互促进、共同发展的新模式。

(4)林花景观模式 利用林地空闲的土地资源,根据花卉的耐阴性,大力发展菊花、玫瑰等食用和观赏性花卉种植,改变绿化景观效果,提高林地产出率。

（5）**林草景观模式** 在现有沙地果园中种植苜蓿、三叶草、紫苏、薄荷等植物，增加林地的有机质含量，减少病虫害，推动林下养鸡、舍饲养羊等牧业的发展。

（6）**林桑景观模式** 依托丰富的林地资源，发展高蛋白营养饲料、果桑，促进养殖业、林业设施产业的发展，形成相互依托、相互促进的桑蚕产业经济链。

（7）**林粮景观模式** 在没有郁闭的幼林地，大力发展特色精品小杂粮种植，以短养长，致富百姓。

（8）**林蔬景观模式** 根据林间光照程度和蔬菜的需光特性，以及二者的生长季节差异选择种植绿色安全蔬菜。

（9）**林油景观模式** 在北部山区，选择耐贫瘠、耐低温的油用向日葵、芝麻等进行林油间作，生产精品食用油，增加植被覆盖率，发展地域经济。

Q14 文化景观如何建设？

与农业相关的文化，尤其农耕文化是中国劳动人民几千年生产生活智慧的结晶，体现和反映了传统农业的思想理念、生产技术、耕作制度以及中华文明的内涵，它的形成和发展，浸透着历代先贤的血汗，凝聚着民族的智慧。

农业文化的内容包括农业科技、农业思想（著作）、农业制度与法令、农事节日习俗、饮食文化等。在采摘园建设中，展示和彰显农业文化是重要的设计命题，也是传承历史文化、增强园区文化内涵的重要途径。

北京市海淀区上庄镇京西稻观光园在 2017 年举办"京西稻文化节暨皇家耕稼文化展演"活动。该园区保留有 1 500 亩京西稻，是北京市目前唯一仍大片种植京西稻的地区。活动期间，传统技艺的皮影戏、画面斑驳的老照片、怀旧情怀的老电影……游客在现场回味京西稻传奇故事的同时，还能从小桥流水到玉泉叮咚去看京西稻的空间转移，从康乾盛世、新中国成立、改革开放到现代社会，领略京西稻的历史沉淀。此外，游客还可以亲自体验农事活动，感受祖先维系生计、繁衍而不断丰满的耕稼文化。

该园区结合地区产业定位及新农村建设，以传承京西稻历史文化和保护稻田生态环境为核心，探索建设集休闲观光、科普教育、户外体育和文化创意于一体的京西稻文创园，努力打造休闲农业和文创园区品牌，助推区域经济发展，带动村庄振兴、村民增收。

Q15 什么是科普设施？

科普基础设施指具有科普功能，为公众开放（参观、学习）的活动场所，包括科普类场馆、活动中心、活动室、科普大篷车、科普画廊、远程教育终端设备和科普教育基地等。

Q16 采摘园科普设施的主要形式有哪些？

（1）科普长廊　科普长廊是普及科学技术知识、倡导科学方法、传播科学思想、弘扬科学精神的重要阵地，是公众易于参与、理解、接受的科普方式，是提高广大公众科学文化素质、提升文明、促进和谐社会建设的有效途径。

采摘园中的农业科普长廊主要围绕园区主导品种建造展示长廊，集中展示生产过程、栽培技术、田间管理、生产工艺、功效作用、文化历史等内容，让游客增加对园区产品的科学认识，增强游客互动的潜力。其主要形式为文字介绍、图片展示，以图文并茂为最佳。长廊建设要满足游客观赏的需求，提供遮阴、避雨等条件。

（2）生态教室 开展自然教育是近年来广受欢迎的一种中小学课外教学形式，由教学机构组织中小学生到自然、田间、森林、溪流等场所，开展相关的生态教育，是一种以大自然为教室、社会为课堂的教育形式。采摘园环境良好，是学生认识农业作物、学习农业知识，感受人与自然互动，开展环境教育的良好场所。

观光采摘园可以尝试与中小学建立关系，打造学生课外学习的生态环境教育基地。在采摘园中，设置不同主题的生态教室，由农业相关人员当老师，在大自然的教室中，向学生讲授农耕文化的乐趣、土地生产的智慧，教育学生热爱农业、敬畏自然，实现教育的目的。

（3）科普展示馆 与长廊的功能类似，但是具有更加丰富的展示功能。内部可以设置多媒体教室，将开发的科教影视节目、科普图书、挂图等展教资源与各类科普基础设施有机结合起来，提高资源利用率和活动效果。

Q17 什么是生态博物馆？

生态博物馆的概念最早于 1971 年由法国人弗朗索瓦·于贝尔和乔治·亨利·里维埃提出。生态博物馆是一种以特定区域为单位、没有围墙的"活体博物馆"。生态博物馆强调保护、保存、展示自然和文化遗产的真实性、完整性和原生性，强调人类生产生活与遗产的共生关系。

Q18 生态博物馆有哪些作用？

生态博物馆有效地保护了当地文化遗产，包括自然、环境、文化、历史、建筑、景观等遗产。与周边没有进行生态博物馆实践的区域相比，更多地保护了传统城镇和村寨的文化和自然遗产。

生态博物馆能促进当地非物质文化遗产的传承、弘扬、发展和保护。在生态博物馆区域，原生态文化保护工作非常明显地好于其他区域，文化展示空间得到了发展。

生态博物馆可带动当地生态旅游的兴起，促进当地经济发展的效果显著。

生态博物馆的建立可以改变遗产地的经济社会发展思路，很多地方政府已经认识到原生态、传统文化、民族风情、工业遗址和遗产是当地发展经济的最重要资源。

Q19 国内生态博物馆成功案例有哪些？

（1）安吉县生态博物馆　安吉县生态博物馆群，拥有位于城区的中心馆。除此以外，安吉还有 12 个专题生态博物馆，以真实、活态的形式散落于 12 个乡镇。另有 26 个文化展示馆分布在各个村落，从书画文化、孝文化、手工造纸文化、桥文化等方面，全面展示安吉乡村的历史渊源和现代成就，呈现出各具特色的"一村一韵""一村一景"的乡村文化景观（图 6-1）。尤其是围绕特色产业形成的茶、竹、蚕桑生态博物馆，成为传承与弘扬农业传统文化的重要方式。

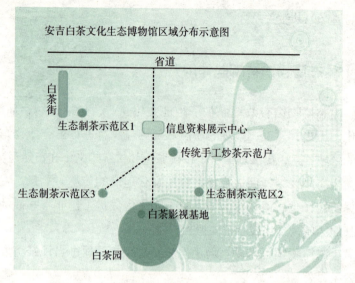

图6-1 安吉白茶文化生态博物馆区域分布示意图

白茶是绿茶中的珍品，安吉白茶以其"色泽金黄绿润，闻之嫩香持久，泡之片片起舞，品之甘味生津"而成为白茶中的极品。万亩白茶园区和规模化的产销链使白茶成为安吉农民勤劳致富的一大特色产业（图6-2）。为充分挖掘白茶文化，保护和传承传统手工制茶这一国家级非物质文化遗产保护名录之技艺，提升茶文化内涵，在著名的白茶之乡——溪龙，建设了安吉白茶文化生态博物馆。

安吉白茶文化生态博物馆围绕生态博物馆的主题，展示并保护了安吉白茶文化。展示范围为安吉大溪山白茶王，包括全县10万亩白茶种植园、350家茶叶加工企业、白茶生态博物馆、制茶工艺流程和白茶交易市场等。安吉白茶文化生态博物馆由信息资料展示中心、白茶园、传统手工炒茶示范户、生态制茶示范区、白茶街、白茶影视基地组成，原真、整体、活态地展示了白茶、

图6-2　安吉万亩白茶茶园

白茶文化、白茶生产和具典型地域特色的安吉饮茶生活习俗等各个方面。

（2）湖南靖州杨梅生态博物馆　湖南省靖州苗族侗族自治县是"中国杨梅之乡"，其独特的土壤和气候极其适宜杨梅的生长，当地已有2 000多年的杨梅种植历史。目前，杨梅种植面积超过5万亩，年产量超过6万吨，年产值达3.5亿元。靖州独特的地理位置也成就了杨梅物种的多样性。仅本土杨梅就有光叶、大叶等18个品种，并从浙江、福建、台湾引种了乌梅、东魁、王子安海、早荠蜜梅等优质品种。2007年，靖州本土科研人员将我国首批114颗杨梅种子送上了太空，遨游太空的杨梅种子经过培育现已挂果成熟并表现出良好特性；2013年，靖州本土科技人才还将"紫明珠"与"东魁"杂交培育出了新的杨梅品种。

湖南靖州响水村和木洞村是我国杨梅的主产区，两村几乎家家户户种杨梅，种植面积超过3万亩。在响水和木洞两村百年以

图 6-3　湖南靖州杨梅生态博物馆

上的杨梅树比比皆是。当地还在靖州建立了杨梅生态博物馆，供游人参观游览（图 6-3）。由于靖州杨梅果实大且柔软多汁，酸甜适度，风味浓郁，素有"色冠群梅、味甲江南"美誉。杨梅主产区中两棵有 600 年历史的杨梅树，树干较短，整树高度超过 10 米，目前每棵年产 100 千克左右的杨梅鲜果（图 6-4）。

　　为了实现杨梅产业再升级，切实增加农民收入，靖州按照"一山、一水、一场、一路、一特色村寨和一批标准化杨梅生产基地"的整体规划，在坳上镇响水村、木洞村等地建设杨梅生态文化广场、杨梅观景台、杨梅特色村寨、杨梅品种园、杨梅交易市场、杨梅酒庄等 11 个工程项目，并在坳上镇、排牙山、后山溪精心打造 3 个杨梅核心产业区，将休闲农业和观光旅游相结合、杨梅文化与民俗文化相结合。独特的构思、巧妙的设计，让前来参观的领导和客商们赞叹不已，大家纷纷拿出手机、相机拍照留念。

图 6-4　拥有 600 年栽培历史的杨梅树

Q20 园林艺术小品设计应注意哪些问题？

园林景观设计对于采摘园发展具有不可忽视的作用。园林艺术小品是园林景观的一种形式，它可以美化园林环境，提高园林的艺术氛围，在园林景观设计中有着重要的作用。

园林小品在园林空间中不仅具有使用功能，还可以在园林空间中充当无形的纽带，把外界的景物有效地组织起来，从而把人们从一个空间引入另一个空间，起到导向和组织空间画面的构图作用。园林小品可以在任何角度构成优美的景色，并具有诗情画意。园林艺术小品作为艺术欣赏品，其本身就具有很高的审美价值，而且由于其色彩、质感、纹理、尺度、造型等方面的特点，经合理布置，园林小品就能成为园林景观设计中优美的一景。

园林小品可以对空间形式美进行加工，提高园林的艺术价值。通过小品的装饰性就能有效地提高其他园林要素的艺术欣赏价值，充分满足人们对审美的高需求，给人以艺术的美好享受。比如，杭州西湖的"三潭印月"就是通过传统的水庭石灯的小品形式漂游在水面，让夜色变得美丽迷人。由此可知，小品的装饰性能提高了园林建筑的艺术欣赏价值。

园林小品的功能和形式是多种多样的，在设计上非常灵活，可以说没有规则可以遵循。在大小和形式上，不论是座椅还是雕塑都是不拘一格的。因此，在现代艺术世界里，艺术家的构思空间是无限广阔的，小品设计要向科学、艺术和个性化方向发展，不能生搬硬套和千篇一律。

Q21 园林小品设计时应遵循什么原则？

（1）巧于立意　园林建筑装饰小品作为园林中局部主体景物，具有相对独立的意境，应具有一定的思想内涵，才能产生感染力。例如，我国园林中常在庭院的白粉墙前置玲珑山石、几竿修竹。

（2）突出特色　园林建筑小品应突出地方特色、园林特色及单体的工艺特色，使其有独特的格调，切忌生搬硬套。

（3）融于自然　园林建筑小品要求人工与自然浑然一体。"虽有人作，宛如天开"是设计者们的匠心之处。例如，在老榕树下，塑以树根造型的圆凳，似在一片林木中自然形成的断根树桩，可达到以假乱真的程度。又如，某屋顶花园中建筑结构中间的廊柱处理成树干的形式，使其与周围环境相融合。

（4）注重体量　园林装饰小品作为园林景观的陪衬，一般在体量上力求与环境相适宜。

（5）因需设计　绝大多数园林装饰小品有实用意义，因此除满足美观效果外，还应符合实用功能及技术上的要求。例如，园林栏杆具有各种使用目的，对于各种园林栏杆的高度也就有不同的要求。

Q22 病虫害的概念是什么？

采摘园内的药用植物在栽培过程中，受到有害生物的侵染或不良环境条件的影响，正常新陈代谢会受到干扰，生理功能上发生一系列变化，组织结构被破坏，以致外部形态呈现反常的病变现象，如枯萎、腐烂、斑点、霉粉、花叶等，统称病害。

引起药用植物发病的原因包括生物因素和非生物因素。由生物因素如真菌、细菌、病毒等侵入植物体所引起的病害有传染性，称为侵染性病害或寄生性病害。由非生物因素如旱涝、严寒、养分失调等影响或损坏生理功能而引起的病害没有传染性，称为非侵染性病害或生理性病害。在侵染性病害中，致病的寄生生物称为病原生物，其中真菌、细菌常称为病原菌。被侵染植物称为寄主植物。侵染性病害的发生不仅取决于病原生物的作用，而且与寄主生理状态以及外界环境条件也有密切关系，是病原生物、寄主植物和环境条件三者相互作用的结果。

Q23 病害有哪些种类？

侵染性病害根据病原生物不同，可分为下列几种。

（1）**真菌性病害** 由真菌侵染所致的病害种类最多。真菌性病害一般在高温多湿时易发生，病菌多在病残体、种子、土壤中过冬。病菌孢子借风雨传播。在适合的温湿度条件下孢子萌发，长出芽管侵入寄主植物内危害。可造成植物倒伏、死苗、斑点、黑果、萎蔫等病状，在病部带有明显的霉层、黑点、粉末等症状。

（2）**细菌性病害**　由细菌侵染所致的病害。侵害植物的细菌都是杆状菌，大多具有一至数根鞭毛，可通过自然孔口（气孔、皮孔、水孔等）和伤口侵入，借流水、雨水、昆虫等传播，在病残体、种子、土壤中过冬，在高温、高湿条件下易发病。细菌性病害症状表现为萎蔫、腐烂、穿孔等，发病后期若遇潮湿天气，则在病部溢出细菌黏液，是细菌性病害的特征。

（3）**病毒病**　主要借助于带毒昆虫传染，有些病毒病可通过线虫传染。病毒在杂草、块茎、种子和昆虫等活体组织内越冬。病毒病主要症状表现为花叶、黄化、卷叶、畸形、簇生、矮化、坏死、斑点等。

（4）**线虫病**　植物病原线虫，体积微小，多数肉眼不能看见。由线虫寄生可引起植物营养不良、生长衰弱、矮缩，甚至死亡。根结线虫可造成寄主植物受害部位畸形膨大。胞囊线虫则造成根部须根丛生，地下部不能正常生长，地上部生长停滞黄化，如地黄胞囊线虫病等。线虫以胞囊、卵或幼虫等在土壤或种苗中越冬，主要靠种苗、土壤、肥料等传播。

Q24　常见虫害有哪些？

危害药用植物的动物种类很多，主要是昆虫，另有螨类、蜗牛、鼠类等。昆虫中虽有很多属于害虫，但也有益虫，对益虫应加以保护、繁殖和利用。因此，认识昆虫，研究昆虫，掌握害虫发生和消长规律，对于防治害虫、保护优质高产药用植物具有重要意义。

由于各种昆虫的食性和取食方式不同，其口器也不相同。口器主要有咀嚼式口器和刺吸式口器。咀嚼式口器害虫，如甲虫、蝗虫及蛾蝶类幼虫等，它们都取食固体食物，危害根、茎、叶、花、果实和种子，造成机械性损伤，如缺刻、孔洞、切断茎秆或根部等。刺吸式口器害虫，如蚜虫、椿象、叶蝉和螨类等，它们是以针状口器刺入植物组织吸食汁液，使植物呈现萎缩、皱叶、卷叶、枯死斑、生长点脱落、虫瘿（受唾液刺激而形成）等。此外，还有虹吸式口器（如蛾蝶类）、舐吸式口器（如蝇类）、嚼吸式口器（如蜜蜂）。了解害虫的口器，不仅可以从害虫危害状态去识别害虫种类，还可为药剂防治提供依据。

Q25 病虫害农业防治包括哪些方面？

农业防治是通过调整栽培技术等减少或防治病虫害的方法。大多为预防性的，主要包括以下几方面。

（1）**合理轮作和间作**　在药用植物栽培制度中，进行合理的轮作和间作，对病虫害的防治和土壤的利用率都是十分重要的。种过党参的地块在短期内不能再种党参，否则病害严重反而会造成植株大量死亡或全田毁灭。轮作期一般根据病原生物在土壤中存活的期限而定，如白术的根腐病和地黄枯萎病轮作期限均为3 ~ 5 年。此外，合理选择轮作物也至关重要，一般同科属植物或同为某些严重病虫寄主的植物不能选为下一茬作物。间作作物的选择原则应与轮作作物的选择基本相同。

（2）**深耕土壤**　此举不仅能促进植物根系的发育，增强植物的抗病能力，还能破坏蛰伏在土内休眠的害虫巢穴和病菌越冬的场所，直接消灭病原生物和害虫。经过几轮耕翻晾晒，可以达到改善土壤物理性状、减少土壤中致病菌数量的目的，这已成为重

要的防治措施。

（3）除草、修剪及清园　药用植物收获后，受病虫危害的植株残体和掉落在田间的枯枝落叶往往是病虫隐蔽及越冬的场所，是翌年的病虫来源。因此，除草、清洁田园结合修剪，将病虫残体和枯枝落叶烧毁或深埋处理，可以大大减轻翌年病虫危害的程度。

（4）调节播种期　某些病虫害与栽培药物的某个生长发育阶段物候期密切相关。如果设法使这一生长发育阶段错过病虫大量发生的危险期，避开病虫害，也可达到防治目的。

（5）合理施肥　合理施肥能促进药用植物生长发育，增强其抵抗力和被病虫危害后的恢复能力。例如，白术施足有机肥后适当增施磷、钾肥，可减轻花叶病。但使用的厩肥或堆肥一定要腐熟，否则肥中残存有病菌或地下害虫的虫卵未被杀灭，就易使地下害虫和某些病害加重。

（6）选育和利用抗病虫品种　药用植物的不同类型或品种的抗病虫能力有显著差异。例如，有刺型红花比无刺型红花更抗炭疽病和红花实蝇，矮秆型白术更抗术籽虫等。因此，如何利用植株这些抗病虫特性，进一步选育出较理想的优质高产品种，也是十分重要的工作。

Q26 病虫害生物防治包括哪些方面？

生物防治是利用各种有益的生物来防治病虫害的方法。主要包括以下几方面。

（1）利用寄生性或捕食性昆虫以虫治虫　寄生性昆虫包括内寄生和外寄生两类，经过人工繁殖，将寄生性昆虫释放到田间，可用来控制害虫虫口密度。捕食性昆虫的种类主要有螳螂、蚜狮、步行虫等。这些昆虫多以捕食害虫为主，对抑制害虫虫口数量起着重要的作用。将其大量繁殖并释放到田间，可以防治害虫。

（2）**微生物防治**　通过真菌、细菌、病毒寄生于害虫体内，使害虫生病死亡或抑制其危害植物的防治方法。北京市密云区将120亿头赤眼蜂应用于14个乡镇的板栗生产基地，实现了挂果板栗赤眼蜂生物防控全覆盖。

（3）**动物防治**　利用益鸟、蛙类、鸡、鸭等消灭害虫。

（4）**不孕昆虫的应用**　通过辐射或化学物质处理，使害虫丧失生育能力，不能繁殖后代，从而达到消灭害虫的目的。

Q27 病虫害物理防治包括哪些方面？

物理防治病虫害要狠、准、稳。夏季果蔬陆续进入旺盛的生长发育阶段，同时这也是多种病虫的危害盛期。夏季常见的虫害有红蜘蛛、卷叶虫、蚜虫、金龟子、星毛虫、食心虫、蝽象等；常见的病害有早期落叶病、轮纹病、炭疽病、斑点病、花叶病、白粉病、锈病、腐烂病等。夏季果蔬病虫侵染快、繁殖多、危害重，而这一季节也是伏旱、暴雨和冰雹等自然灾害的多发季节，因此要充分认识这一时期管理的重要性和紧迫性，围绕稳定树势、促进幼果发育、促使成花、控制病虫、减轻灾害等重点工作，把采摘园夏季管理作为工作的重中之重。

以农业中的物理植保技术所涉及的土壤病虫害、地上害虫、气传病害的物理防治方法可用于植物全生育期病虫害的防治，这种方法没有农药引起的药物残留问题，是一种环保、安全、可持续发展的植保方式。土壤病虫害的物理防治方法为土壤电消毒法；

气传病害的物理防治方法采用的是具有空间电场生物效应的空间电场防病促生方法；地上飞翔类害虫通常采用光诱、色诱、味诱的组合诱杀方法结合防虫网的设置来防控。

物理、机械防治法是应用各种物理因素和器械防治病虫害的方法。例如，利用害虫的趋光性进行灯光诱杀；根据有病虫害的种子重量比健康种子轻，可采用风选、水选淘汰有病虫害的种子，使用温水浸种等；也可利用等离子体种子消毒法、气电联合处理法、辐射技术进行防治。

Q28 病虫害化学防治包括哪些方面？

化学防治法是应用化学农药防治病虫害的方法，主要优点是作用快、效果好、使用方便，能在短期内消灭或控制大量发生的病虫害，不受地区和季节性限制，是防治病虫害的重要手段，其他防治方法尚不能完全替代。化学农药有杀虫剂、杀菌剂、杀线虫剂等。杀虫剂根据其杀虫功能又可分为胃毒剂、触杀剂、内吸剂、熏蒸剂等。杀菌剂有保护剂、治疗剂等。使用农药的方法很多，有喷雾、喷粉、喷种、浸种、熏蒸、土壤处理等。

一般来说，昆虫随虫龄的增长，体壁对药剂的抵抗力也不断增强。因此，在杀虫药剂中常加入对脂肪和蜡质有溶解作用的溶剂，如乳剂含有溶解性强的油类，一般比可湿性粉剂的毒效高。药剂进入害虫体内，主要是通过口器、表皮和气孔 3 种途径。所以针对昆虫体壁构造，选用适当药剂，对于提高防治效果有着重要意义。例如，对咀嚼式口器害虫玉米螟、凤蝶幼虫、菜青虫等应使用胃毒剂等，而对刺吸式口器害虫则应使用内吸剂。

喷药杀虫的最佳时期是病虫害萌动前期。对病虫害发生较重的采摘园，可选择合适的药剂在冬季天气晴好的时候进行一次全园喷药。在春天果树发芽前喷一次杀菌剂。果树进入休眠期后抗性减弱，病虫害进入高发期，因此休眠期用药很有必要，药物可选择 3 ～ 5 波美度石硫合剂等，既杀菌又杀虫。要控制高毒农药的投入，尽量选用绿色农业植保技术，以促进树体健康良性循环。

另外，要掌握病虫害发生规律，抓住防治有利时机，及时用药。还要注意农药合理混用、交替使用、安全使用，避免药害和人、畜中毒。

Q29 如何进行病虫害田间诊断？

作物病虫害的田间诊断，主要是根据病虫害的发生规律，通过对作物有无病症、症状特点及田间环境状况的仔细观察和分析，初步确定其发病原因的诊断方法，这也是搞好作物病虫害防治的前提。只有准确的诊断，才能有的放矢，对症下药，从而收到预期的防治效果。

加强病虫害防治、加强田间管理，以促使果蔬生长健壮，增强抗病性。蔬菜可采用滴灌方法降低空气湿度，高畦栽培，加强中耕除草，夏季雨后及时排水并用井水冲凉，适当降低种植密度，增强通风透光性能，注意轮作换茬；利用害虫天敌赤眼蜂防治蔬菜害虫，橘黄色板诱杀粉虱，黑光灯诱杀夜蛾、蝼蛄和金龟子，悬挂银灰膜驱避蚜虫及防虫网隔离等。此外，用糖醋液诱杀地老虎，可使断苗率降低到 1% ～ 3%。

采摘园创意营销

七

Q1 如何进行采摘园产品开发？

采摘园的建设，不仅需要继续完善各种果园生产的基础设施，完善每个环节的高科技含量，更要配备各种旅游配套设施，以满足游客的旅游观光需要，丰富都市居民休闲娱乐内容。以北京市休闲观光示范果园的旅游产品开发为例，采摘园产品开发应注意满足游客以下方面的需求。

（1）**生态回归游** 以观光采摘园优美的自然生态环境来满足久居城镇的居民回归自然、融于自然、享受大自然的恬静和安详，放松疲惫身心的渴望。目标市场：市民。

（2）**科普实习探索游** 利用优质果品资源基地开展科技观光游，以展示现代化的种植栽培技术等园艺技艺，充分展示科学技术向生产力的转化。目标市场：青年学生。

（3）**观光采摘游** 因其独特的资源优势开展果品及其他采摘，园林式的果园旖旎风光，打开了京郊观光采摘园之先河，让游客既采果又旅游。目标市场：城镇居民。

（4）**会议考察游** 适当利用果园办公区会议室召开行业内小型会议，远期建设办公区外的会议度假园。目标市场：专家学者、参加各种大小型会议的。

（5）**休闲度假游** 开发生产草坪，结合果园里的度假别墅，配备常见的运动设施。临水游憩区则能满足都市人的亲水、戏水的渴望。目标市场：白领阶层、外企员工、时尚青年。

（6）**民俗体验游** 深入周围农庄，利用农村特色地域文化和民俗习惯，鼓励当地农民开设特色农家旅舍，"吃农家粗粮，干农家细活，享乡村陶然之乐"。目标市场：外国游客、城市家庭、中小学生。

（7）购物旅游　吸引游客慕名而来，购买精品果、果品加工品、各种果木制品及果树盆景等。目标市场：水果爱好者、园艺爱好者。

（8）节庆文化游　开展多种节庆活动，如植树节、花卉观赏节、梨花会、风筝节等活动项目。目标市场：市区周边居民、投资商、分销商。

（9）苗圃观光游　利用乡村优美的生态环境，进行青少年林业生态教育，达到寓教于乐的目的。目标市场：市民、青少年。

Q2 如何开展主题行销？

以北京市为例，围绕果品采摘主导产业，可以设计以下行销活动。

（1）以苹果为主题的旅游产品行销　例如，"苹"泰安康之旅、"苹"静闲适之旅等。

①十三陵水库——昌平区十三陵特区安绿观光采摘园和日川旅游观光采摘园　安绿观光采摘园果品以苹果为主，兼有梨、樱桃、尜尜枣。日川旅游观光采摘园果品以苹果、樱桃为主，兼有梨、美国草莓。

②蟒山国家森林公园——昌平三合庄苹果示范园　该果园果品以红富士苹果为主，兼有日本苹果早、中、晚熟优良品种和品系57个。

③白羊沟自然风景区——昌平区北流观光采摘园　该果园果品以苹果为主，兼有桃、樱桃、杏、李。

④八达岭野生动物世界——延庆县里炮红苹果度假村　将旅游路线与观光采摘路线结合，形成多样化、互补型的旅游节点组

合方式，促进农旅结合。

（2）以梨花及梨为主题的旅游产品行销　例如，"梨"别都市之旅。

①北京野生动物园——大兴魏善庄镇千亩梨示范园　该基地主要果品为西洋梨，兼有树莓、枣、桃、杏和果桑。

②北京野生动物园——大兴区名梨大观园　该果园果品以韩国梨为主。

（3）以桃花及桃为主题的旅游产品行销　例如，"市"外桃源之旅。

①京东大溶洞／京东大峡谷——平谷区万亩桃示范园　该果园种有水蜜桃、蟠桃、油桃、黄肉桃、白肉桃、毛桃等多个桃品种，兼有核桃。

②平谷区光远岩巍有机桃生产观光采摘园——北京绿色度假村　该果园果品以桃为主，有京玉、庆丰、久保、艳丰等品种，兼种丰水梨。

③"桃李芬芳"：怀柔区赵各庄观光采摘园——北京锦绣垂钓山庄　该果园以种植桃、李为主，兼种梨、枣。

（4）以葡萄为主题的旅游产品行销　例如，"葡"度众生。

①密云区"酒香之路"　巨各庄镇沿密兴路两侧打造集葡萄种植、采摘、加工及葡萄酒品鉴为一体的产业带，让游客感受带有异国风情的葡萄酒文化。其内容包括：优质葡萄 10 000 亩，精品酒庄及酿酒产业，购物、餐饮、娱乐、酒店、葡萄长廊、专业培训、农业观光、农产品交易、工业观光等产业项目，沿途节点建设大地景观、演艺广场等项目，大力发展文化创意产业。

②通州区葡萄大观园　位于张家湾镇，是大型葡萄种植园区。葡萄种植品种丰富，包括维多利亚、里扎马特、美人指、意大利、

红地球、巨玫瑰、贵妃玫瑰、红双味、秋黑、醉金香等多个品种，形状和颜色都各不相同，不同风味的国内外优质鲜食葡萄近百种。

③大兴区采育葡萄基地　大兴区采育镇的葡萄种植面积达万亩，包括夏黑、金手指、玫瑰香、巨峰、巨玫瑰在内的20多个品种可供游客采摘。采育镇主要通过举办"葡萄旅游文化节"来推动优质葡萄展销，并通过举办"三八席"乡村美食、葡萄民俗摄影大赛、原创歌曲征集、葡萄产业精品项目评比等丰富多彩的活动，提升葡萄产业影响力，推动区域一二三产融合发展。

（5）以板栗为主题的旅游产品行销　例如，名栗丰收之旅。

①青龙峡（露营/住宿）——怀柔区大水峪板栗园　突出板栗文化和基地建设，延伸旅游链条。

②卧佛山风景旅游度假村——红军庄板栗园　突出板栗标准化生产，推动农旅结合。

③响水湖自然风景区——天华洞度假山庄、沙峪板栗园　在养生谷中散布着大量的栗树，形成优美的生态屏障，同时促进农民增收。

Q3 如何进行活动设计？

（1）采摘园体验活动的类型

①亲子活动　采摘园亲子体验活动，以家庭为单位，以互动为主要形式，让幼儿亲近自然、开阔视野，培养幼儿热爱大自然、热爱家乡、热爱生活的情感。学会观察大自然的事物，培养幼儿的探索精神。让幼儿锻炼意志，增进亲情。体验亲子活动的快乐、劳动的艰辛和丰收的喜悦，增进亲子感情、同伴友情，并为家庭间的相互交流搭建平台。

②团建活动　目前，许多企业单位或组织将开展团队建设活

动的地点选择在采摘园。通过集体、分组采摘等形式，进行协作、竞赛等内容的团队建设活动，让成员在采摘中进行广泛的交流和沟通，加深团队成员间的了解，沟通团队成员间的感情，充分认识团队协作才能带来高绩效，起到疏导工作压力、增强团队凝聚力的作用。

③养生活动　近年来，随着老龄化社会的来临，健康养生成为社会关注的焦点。养心菜、补血菜、女人菜、富贵菜等丰富多样的蔬菜成了时下热销的产品。随着养生热潮的兴起，各地郊区菜园子里的蔬菜品种也日益丰富，养生菜家族成员不断增加，成了消费者、游客的新宠。

北京市大兴区魏善庄镇魏庄村桃花园农业科技发展有限公司的蔬菜大棚，养心菜、人参菜、观音菜、何首乌、穿心莲等五花八门的养生蔬菜，一排排整齐地种在花盆里，或绿或红长势喜人。温室上方悬挂着各个品种的性能说明，让游人看后更加喜爱，忍不住想去摘一把尝尝。

据园区负责人介绍，进入冬季，空气干燥，早晚温差加大，冷空气一来气温骤降，人们在饮食方面应更加注意。为满足游客多样化需求，他们专门开辟了一栋温室种植盆栽养生菜。市民购买后可放在自家阳台种植，随时掐尖儿吃，非常方便。自从添了养生蔬菜，园区对游客的吸引力更大了，也有不少游客相约前来采摘，增加了其收入。

在蔬菜满足供应的今天，药膳类蔬菜更是受到许多注重健康人士的青睐。北京市昌平区乡居楼农业体验园在基地种植了5栋温室的养生菜，游客采摘时每千克20元，仍然供不应求。小汤山镇西官庄村村民王小娟在园区负责种植养生菜，她感叹道："农村菜田过去种普通蔬菜，收入和现在没法比，种菜也得盯着市场需求才能卖出好价钱。"乡居楼还把养生菜制成凉拌菜、榨汁做成养生面条、做馅制成菜团子,成了餐厅热销的菜品。

北京市农业局农技推广站蔬菜专家曹华介绍说,近几年该站在昌平区乡居楼、金六环农业园、特菜大观园、通州区金福艺农科技园和大兴区桃花园等地区推广种植了穿心莲、养心菜、黄秋葵、叶用板蓝根、珍珠菜、藿香、叶用枸杞、马齿苋、紫苏等近20种养生蔬菜,供游人采摘和在园区用餐食用,深受市民欢迎。曹华提醒说,现在工作生活压力大,尤其是处于亚健康状态的人群,更应多吃新鲜蔬菜,排除体内的毒素、增强体质。

④节庆活动 农事节庆是打响农业品牌的一条有效捷径。农事节庆能够使消费者通过创建活动,加深对农业品牌的认知,扩大品牌影响力,提升品牌的知名度和美誉度,培养消费者对品牌的忠诚度。北京市平谷区是中国著名的大桃之乡,有22万亩大桃,堪称世界最大的桃园、中国最大的桃乡、首都最大的果区。以花为媒,营销平谷,北京平谷国际桃花节已经连续成功举办13届,成为京津地区著名的春季旅游活动,实现了经济效益和社会效益的双赢。每年4月中旬(4月15～25日),正是平谷桃花盛开之时,22万亩花的海洋每年都吸引无数市民和游客慕名前去观赏。

⑤农事活动 农事体验是采摘园的重要休闲活动内容。将农业生产进行趣味性的包装,有机地融入一些休闲体验的元素,使农事体验活动休闲化,为游客提供新奇的体验内涵。采摘园农事体验活动主要注重以下几方面:一是与采摘园景观体验结合。采摘园既是种植农作物的生产空间,也是游客休闲体验地,因此要在确保生产需求得到满足的同时,对田园绿化、美化,将农事体验活动与田园景观体验相结合,达到内容与形式的统一,满足游客审美享受的需求。二是与游客劳动体验相结合。

采摘园要提供游客体验所需的各种农具设施和设备，让客人体会原汁原味的农作乐趣，并为游客提供所需的各种指导和辅助，确保体验可以顺利安全地完成。三是与休闲活动相结合。采摘园要把农业体验与休闲观光相结合，不仅让游客体会到农作的乐趣，还要提供多种形式的休闲服务，让游客感受春华秋实，体会收获的欣喜。四是与产品销售相结合。采摘园要注重体验之后的产品营销，让游客在感官体验之余，确实感受到采摘园的绿色、生态、安全，感受良好的产地环境，从而把园区的农产品推销出去，提高采摘园收益。

（2）**体验活动的设计要求**　休闲农庄体验活动设计的基本要求是遵循一定的设计原则，并且在单体的项目设计中还要符合若干具体要求。

①**技术的可行性**　休闲采摘园设计体验活动，技术必须科学、可行。例如，在耕作制度上，无论空间的利用还是时间的利用，都既要保证农庄生产的正常运行，又要满足一定的休闲活动需要。又如，在种养品种选择上，既要能够适应当地的环境条件或设施条件，又不能带来或造成新的病害、虫害和生态灾害，对人们身体有害的植物必须谨慎引种。再如，技术与必要的设施要配套。对于体验活动尤其是农耕活动的设计，其全程配套技术和指定所需的设施、设备要求必须有可应用性，并指明技术要点、技术关键。

②**落地的可操作性**　这里所说的可操作性，指的是由技术可行性转化为现实性所必须达到的要求，它是项目实施的具体依据。采摘园活动设计方案的可操作性，主要是指要有茬口和季节的具体计划。所用品种和设备的规格、数量要明确，种养方式和生产资料要明确，生产操作程序要明确，种养技术规格要明确。

③生产和游赏的可契合性 采摘园在农业生产基础上设置体验活动时，通常会面临农业的生产性和游赏性不能统一的情况。因此，在休闲农庄的体验活动设计中，就必须寻求生产需要与旅游需要的契合点，这样才能实现生产与游赏价值的互补和统一。在具体操作中，可以通过品种选择（新、奇、特、稀、珍等）、技术处理（嫁接、修剪、造型等）、生长素和抑制剂等生物制剂处理来实现，通过季节反差、品种反差或塑造景观氛围等方法加以调整、搭配，还可以通过一定的设施作衬托（如艺术支架、通道花镜）或形成景点背景等形成美化的形象，从而使游客赏心悦目。

④活动设计的可参与性 体验经济经历了一个由旁观到参与的阶段，因此在活动设计中可提供一定的参与活动，不仅可以让游客获得新的感受和得到休闲的乐趣，还可以增长见识，积累经验，达到怡情益智的效果。

在休闲农庄体验活动的设计中要尽可能地把生产过程中某些环节的一般性操作转化为可参与性的操作，给游客提供尽量多的直接感受的活动和机会。如参与耕作、播种、采收、捕捞，或是学习修剪、嫁接、挤奶、剪毛等。当然，为保证农庄生产的正常运行，有的可单辟专区专项提供农事参与活动的内容。

（3）采摘园中的其他体验方式

①农业生产资源的运用

第一，农作体验方式。农作物从播种到收获，从生长时的生理特征到加工制品，都有多种体验方式。一是农作物观赏。根据不同的时令，安排有关农作物的枝、叶、花等形态的观赏，如春季赏油菜花、夏季赏荷花，并可将花制作成标本。二是园艺习作。体验选种、育苗、施肥、灌溉、修剪、除草、收获、加工处理等劳作乐趣，并学习相关知识。如对农作物习性的了解，茶叶的采摘、贮存、加工技巧和工艺等。三是农耕活动。如用犁翻土、用耙碎土、插秧比赛等。可将花田、果园、茶场的土地按块租赁给旅游者。游客利用周末等闲暇时间，带领家人前来养花种树，既可锻炼身体又能增进全家人的感情。四是特色农艺。体验纺线织布、剪纸、手工酿酒、土菜烹饪等。还可开展艺术插花、干花书签、花卉风景彩照等制作，以土特产的形式出售给游客当作旅游纪念品。

第二，农具体验方式。农具能加深游客对农业发展的认知。传统农具更是先民智慧和经验累积的精华，其在农庄体验活动中的利用不仅能让游客了解过去，还能唤起游客对以往岁月的追忆和怀念。一是农具展示，如展示耕田机、传统织布机、风车、水磨器具等，并通过影视记录、图片展示等进行解说，使游客对历史和现代农业技术水平都有所了解。二是农具操作，如牛车、水车、耕耘机等。

②农民生活资源的运用

第一，日常活动体验方式。农民拥有其自身特质，在语言、宗教、性情及人文历史等方面均与城里人有所区别，其日常的吃穿住行，也可以作为当地特色进行发挥。选拔和培训一些懂旅游、善交流、有专长的人员从事导游讲解工作。体验农家特色餐饮文化。用大土锅、大蒸笼、大土碗等器皿，采用家传的烹饪技巧，制作出正统的农家味道。在农庄居住，使用农家家具摆设及设备。教游客纺线、织布、做衣，可作为展示品或纪念品。主客互动，让客人了解当地生活，加深对农业的认识。为旅游者提供农村传统服饰的租售业务，供其体验劳动或游玩时穿戴和照相。

第二，农村节庆活动体验方式。修建陈列与农业文化、活动庆典及民俗相关的展室，普及农业文化。为客人安排庆典角色，参与庆典表演。组织采摘园文化游，如婚俗、丰年祭、赏花灯、舞龙舞狮、皮影戏、歌子戏、布袋戏、划龙舟、雕刻、绘画、泥塑、剪纸、赏花节、采摘节等民俗节庆体验。通过观赏、解说、参与特色活动，增加游客对采摘园的认识。

③农村生态资源运用

第一，农村气象体验方式。制作气候与农事知识的展板，指定专人讲解。组织与天气有关的游憩活动，如歌曲接龙、开展风筝比赛、欣赏特殊的天象和气象等。根据季节开展相关的食疗进补项目等。

第二，农村生态体验方式。利用农村资源提供远足活动，如穿越挂满累累果实的果园等。围绕水资源，开发相关的休憩项目，如捕鱼捞虾、打水仗、观赏蝌蚪等。

第三，农村生活体验方式。向游客提供捕捉、收集、烹饪的必备用品，使游客感受从田间到饭桌的全过程。教游客各类鱼的不同制作方法，并现场进行烹制、品尝和操作。开展野菜识别活动，包括识野菜、挖野菜、洗野菜、烹饪野菜、品尝野菜的全过程。

第四，农村景观体验方式。增加景观小品，增设宣传配套设施。建立可供游客休息的场所，安装休息设施，如亭子、板凳、垃圾筒等。设立观景台，供游客登高观景。经营者可以根据实际能力，为游客提供各类体验式服务，可以通过视觉、听觉、触觉、味觉感受自然，给人们带来喜悦和刺激，体验"蝉噪林逾静，鸟鸣山更幽"的自然美景。这些活动将在无形中可增强游客对休闲农庄的特色个性化服务、家庭氛围的体验和感受。

Q4 如何提升采摘园休闲服务水平？

（1）努力拓宽思路，创新经营　采取多元化、全方位的经营

策略，丰富体验内容，为游客提供更多的选择空间。

①从初级到深度的体验　休闲农业主要的体验类型有观光采摘、休闲娱乐、商务科技教育3大类，大多是从感官上给予顾客初级体验，让顾客只有一时的新鲜感。采摘园要从单纯的果树认养、新鲜采摘等初级体验，发展为亲子、休闲住宿、拓展训练等活动，把各种感官、理性、情感、文化体验融合在一次次的活动里，就能从心灵深处触动顾客，使之对采摘园产生很强的信赖感和依赖感，各种产品和服务的销售自然水到渠成。

②从一次性体验到持续性互动体验　采摘园要让顾客拥有持续的互动体验，让顾客回了家还留有念想，除了千方百计让顾客现场体验，随后还能有第二次、第三次及更多次的互动体验，这是采摘园持续经营的法宝。在台湾，有一家以薰衣草为主题的"紫色梦想"休闲农园。整个采摘园以紫色为主色调，同时开发了2000多种薰衣草的相关产品。在这里，顾客不仅可以买下这些产品寄给亲朋好友，还可以把心里想对亲人、朋友说的话写下，放在印有农庄特色的信封里，投入农庄的邮筒邮寄，在传递顾客内心感情的同时也把自己农庄的特色打了出去，无形中形成了农庄和顾客的多次互动。

（2）重视文化含量，提升体验品质　在一定程度上，体验性产品和文化性产品是相互交叉的，就是通常说的文化体验型产品。它是指游客亲身参与农事习作，或参加民俗文化体验，或亲手制作工艺品等。这种模式加强了游客和当地居民之间的交流，增进了彼此之间的感情，提高了游客的重游率。备受赞誉的台湾省休闲农业体验活动的特点之一就在于其鲜明的文化元素，如台一农场的景观用餐桌、尖山埤的老兵故事、南元的儿童绘画展览、澎湖湾老船长的雕塑等，都能给游客留下深刻的印象。

（3）目标市场细分，提高体验参与度　对目标市场细分是休闲农业体验需要着力推行的部分。例如，学生的娱乐教育性体验；新婚情侣的农场摄影、农场婚礼等体验；老年人的体验则可以与社区结对，邀请社区的老人来休闲农业园区体验诸如森林浴、农家餐饮等活动。还可以联系相关的协会组织，如摄影协会、钓鱼协会等，来园区开展采风、沙龙等体验活动。对于一些喜欢在网上"种菜"的人士，则可以邀请其在园区认领一片属于自己的地盘，真实体验"地主"的感觉。总之，可根据采摘园的自身资源和社会条件优势，定位不同的市场目标群体。同时做好目标群体的需求调查，不断完善体验活动的硬件设施和软件服务。

（4）营造体验氛围，强化体验指导培训　经营者的服务是休闲农业经营者用以展示和传递体验的天然平台。园区讲解员的敬业、投入、热情与激情，可激发游客体验的积极性，还可以更好地稳定与游客之间的关系，起到沟通信息和情感交流作用。要加强员工自身的技能、情感、尊重和成就方面的体验训导，这样才能在工作中形成与游客的良性互动，共同创造令游客难忘的深刻体验。

总之，体验活动是采摘园提供给消费者高层次的产品，体验农业不仅可以创造出新的产品，同时还可创造出新的服务，带动新兴产业和产业链发展。对于采摘园来说，借鉴他山之石，大力倡导休闲农业体验活动，必将极大推动采摘园健康、持续地发展。

Q5 如何开展有效的品牌管理？

当今时代是品牌竞争的时代，品牌观念已经越来越深入不同领域生产者和消费者的内心，对品牌的讲究也渗透到吃住行用等各方面。消费者对高品质的农产品的需求随之逐步升温。建设品牌农产品是加快农业结构战略性调整、实现传统农业向现代农业转变的重要途径。

（1）农产品品牌作用

①农业品牌化是现代农业发展的重要标志　品牌往往是市场竞争的集中体现，可以代表一个地区经济发展水平和产品竞争力。农业发展方式转变、农产品调整升级及市场竞争力的提升，都需要加强农业品牌建设。从各地实践来看，品牌已经成为区域经济发展的重要目的，成为特色产业发展的必然选择，也是当前现代农业建设的一项重要任务。

②品牌具有增值效应　品牌不仅可以提高农产品价格，而且具有增值价值。自 2009 年起，浙江大学的中国农村发展研究院中国农业品牌研究中心连续 6 年对全国农产品区域公用品牌进行调查与研究，开展"中国农产品区域公用品牌价值评估"研究活动。根据该中心发布的评估报告，近年来，"韩城大红袍花椒"品牌价值不断提升，2014 年品牌价值为 14.25 亿元，比 2009 年的 5.48 亿元增长了 1.6 倍，年均增长 21.1%。"韩城大红袍花椒"品牌不仅提高了韩城市农民的人均纯收入，同时也带动了韩城市的经济发展；2014 年，韩城市农民人均纯收入 11 400 元，纯收入总量位于全西安市第一，高于全市平均水平 2 866 元。品牌效应为韩城市第七次获县域经济"十强县"奠定了良好基础。

③品牌可以增强农产品的竞争力　在农产品价格处于低位时，品牌农产品的优势就越发突显。从近几年监测的果业报表中可以看出，陕西省白水县苹果价格高于合阳县、澄城县、富平县和蒲城县，韩城市的花椒价格高于潼关县和澄城县。2013 年全国水果普遍丰收，供大于求，加之消费者对果品要求的档次越来越高，

造成水果销售竞争加剧，优质名牌水果价格坚挺，但大多数普通水果销售价格降低。这充分表明品牌产品竞争力强，品牌产品市场占有率高。

④品牌农产品有助于农民增收　品牌不仅可以提高农产品的竞争力，而且可以促进农民增收。据2014年农村住户年报资料显示：白水县出售苹果人均收入3 218元，占农民家庭经营净收入的81.8%。蒲城县出售梨人均收入3 057元，占农民家庭经营净收入的59.5%；出售西瓜人均收入930元，占到农民家庭经营净收入的18.1%。由此可见，品牌农产品成为农村居民家庭经营收入的主要来源，对拉动农民增收的作用很强。

（2）如何推进采摘园品牌建设　采摘园的产品品牌不仅是商标或标志的差别，更是企业和生产者的一种象征。对消费者而言，品牌代表着一种安全感，它是企业或生产者与消费者沟通的重要手段，保证了企业或生产者对消费者信息的准确传达；在农业园区建设中，园区蔬菜品牌的建设作为一项重要工程不容忽视。

①种植规模化　规模化是品牌建设的重要物质基础，也是推进产业化发展的重要基础。规模化生产经营是品牌农业提升的关键。借助于生产经营规模的扩大，经营成本能够进一步降低，生产收益随着品牌影响力也可扩大，从而实现品牌农业效益最大化。种植上不了规模就难以进行标准化生产，就无法将品牌的内涵与品质融入产品之中。当前，主要通过农村土地流转、托管等方式使一家一户的分散种植向集约化、规模化生产方式转型。

②生产标准化　农业标准是在农业范围内所形成的符合标准概念要求的规范性文件或实物。农业标准以科学、技术和经验的综合成果为基础，并以促进最大社会效益为目的。对于采摘园，

要按照"因地制宜、发挥优势、相对集中、规模经营"的原则，统一规划、合理布局，建设一批标准较高、设施完备、管理规范、生产标准化的示范园区和基地，采用相关产业的生产加工、处理等标准进行经营活动，提升采摘园建设的标准化水平。

实施标准化生产，要重点推进产地环境条件、投入品、生产技术、产品等 4 个方面的标准化。鉴于国内果蔬生产"小规模分散经营"的突出特点，果蔬标准化生产应加强标准化生产示范培训，增强标准化生产内在动力；建立强有力的支撑体系，为标准化生产提供必要的技术支持；建立果蔬标准实施体系，提高标准化生产的组织化程度；建立农业标准化信息服务体系，解决标准化生产信息瓶颈；建立农业标准化专项资金，为标准化生产提供必要的财政支持。

③经营组织化　品牌建设要有主体，一家一户一产品申请品牌的成本会比较高，若规模较大，则统一申请才会有更高经济效益。尤其是想要在采摘园实现规模化种植、标准化生产、产业化经营、品牌化销售，依靠个体农民单打独斗显然是不可能的，只有发展农村合作社或专业协会等经济合作组织，把分散的个体组织起来，按照现代生产标准要求，统一组织进行生产，才能实现产业化经营。因此，品牌建设的主体一般是农业合作社或者龙头企业。

④产品安全化　采摘园的品牌化建设离不开严格的质量监管制度。通过推进市场准入制，加大投入产品管理、生产档案、产品检测、基地准出、质量追溯等 5 项质量管理制度建设，规范农民生产行为，构建产品质量安全管理长效机制。聘请农产品质量安全监管员，形成县、镇、村三级监管服务体系，确保农产品质量安全。对经管部门而言，要注重以现有农产品质量安全监测资

源为基础，建立质量安全监测体系；以产地环境、生产技术和果蔬质量安全为重点，实施监督检查；加强产品等级划分和包装标识监督检查，严把市场准入关和产品流通关。

⑤发展协同化　品牌发展不仅涉及农户的切身利益，更多地需要推动政府、行业协会、市场等部门的合作。由地方政府开展品牌商标帮扶工作，通过宣传培训逐步树立农民"品牌就是竞争力"的意识，引导农民专业合作社申请商标，同时做好商标管理提示书、商标培育指导书、商标法律告知书、商标注册建议书等4书的行政指导。扶持已有农产品商标申请著名商标、知名商标；提高商标使用效率，挖掘提升品牌影响力，防止部分商标在生产销售过程中成为闲置资产。

⑥宣传常态化　品牌效应能够激发区域的自豪感、荣誉感和凝聚力，从而内化为保护品牌、保护荣誉、保护发展环境的动力。采摘园要融入区域产业，打造产品品牌。一要树立品牌意识，打造区域整体品牌。利用区域品牌的知名度、美誉度，发挥宣传效应，不仅宣传了区域品牌，也提升了采摘园自有品牌的知名度。二要积极开展"品牌之乡"建设，实施"品牌化、园区化、精品化"战略，融现代果业、休闲农业、生态农业、驰名商标旅游和乡村旅游于一体，推进"品牌之乡"建设，走品牌经济之路。采摘园要根据产品定位，确定宣传的主要通道和方式。通过不断加强常态化的宣传，探索平面媒体、网络传播等多种宣传途径，提升品牌影响力。

Q6 如何进行农社对接？

引导好、发展好休闲观光农业是建设现代农业的新举措，因此，搭建好、运作好休闲观光农业发展平台是吸引工商资本投入

农业、增加农业投入、加快农业现代化建设的新道路，故完善休闲观光农业融投资系统十分重要。

第一，加快建立"政府扶持，业主为主，社会参与"的资本投入机制，把用于补助休闲观光农业区的基础设施和公共服务设施等方面的投入纳入财政预算，同时要求各级地方财政设立专项资金，加大对当地休闲观光农业的投入力度，扶持与引导休闲观光农业的发展。

第二，各级地方政府每年安排一定数额的建设用地指标，用于解决发展休闲观光农业必需的建设用地，对休闲观光农业区内用于农业生产的用房、配套设施用房等所需土地指标应与农田道路、晒场等间接用地指标一视同仁，同时鼓励农民以土地、资金等方式入股参与建设。

第三，各类商业银行与农村信用社应把休闲观光农业建设纳入信贷支农重点计划，适当放宽担保抵押条件，简化审批手续，并给予贷款利率和时间上的优惠。

第四，对休闲观光农业区改造相关接待设施、排污设施等方面的投入，应以贴息的方式予以扶持，建议休闲观光农业示范区用于种养生产、冷藏保鲜、增氧、排灌等方面的用电享受农用电价格。

第五，制定吸引海外资本、工商资本、民营资本参与休闲观光农业区建设的优惠措施，鼓励他们以协作、参股、合作、独资等多种方式参与建设。通过以上措施形成休闲观光农业多元化、多渠道的投融资系统。

Q7 如何进行电子商务营销？

近年来，采摘园电子商务营销模式发展迅速，这种模式在很大程度上解决了传统农业产销渠道中的阻碍，实现了农业与文化旅游业的有机结合。随网络营销在市场愈加流行，采摘园与网络平台的对接也成为时下流行的商业模式。通过网络平台推广采摘园，推销农产品品牌，吸引更多的消费者，促进采摘园项目进入良性运转，实现最大的经济效益。

（1）网络营销的概念　网络营销主要是以互联网作为平台，以网络使用者为中心，以市场需求和认知为导向，借助于网络技术及各种网络营销手段，以达到提升市场占有率、提升品牌影响力、提高客户满意度、增加赢利目标的经营过程，是一种低成本、高效率的全新商业模式。

（2）网络营销的优势　网络营销能够更大限度地推广品牌，发掘更多市场，使消费者的决策更具便利性和自主性，有利于与顾客良好沟通、提供优质服务，有利于取得成本优势和未来的竞争优势。

中国网络营销市场空间巨大，网络技术的发展和应用改变了信息的分配和接受方式，改变了人们生活、工作、学习、合作和交流的环境，越来越多的人青睐线上消费。企业也应积极利用新技术变革企业经营理念、经营方式和经营方法，搭上技术发展的快速便车，促使企业飞速发展。

（3）网络营销的主要形式

①微信营销策略　微信是时下最流行、运用广泛的集社交、娱乐、消费等于一体的移动客户端平台。在这里主要说的是微信公众号的推广运用。微信公众号与官网设计遵循的重点大致相同，但鉴于移动端的使用特点及采摘园的时令特点，可着重在公众号上开展类似"樱桃节"等的促销活动，营造"樱桃沟观光、采摘、休闲放松的好去处"氛围。通过"扫二维码""转发有礼"等形

式，以游戏的气氛让目标客户群参与其中，通过转发的形式达到指数型积攒人气的目的，吸引消费者。

②微博推广　微博是最近兴起的网络最火热营销传播方式之一，每天可以更新内容跟大家交流，或者转发大家感兴趣的话题。可以通过发起如"采摘时间到了""最美樱桃节"等的话题刷微博以吸引消费者。可以定期定量进行微博更新，提供一些水果方面的知识，刷粉丝，提高微博的管理效率，此法是既省时又有效的推广方式。网络营销手段多种多样，传统企业只有充分利用网络营销，整合传统营销和网络营销，及时改变市场营销策略，找到最有利于企业成长发展的营销之路，注重服务带来的价值，才能实现长远的经营目标。

③软文推广策略　软文的内容容易吸引读者，容易让读者接受。无论是从生活常识，还是从学识百科类入手编写软文，对于广大的消费者来说，都比硬生生的广告要赏心悦目。实践证明，虽然大量的广告既可以省时，又能够大量地推广，但细致的软文更能打动人心，留给受众无限的遐想，是一种很好的方式。

（4）采摘园的网络营销方法　采摘园项目在网络推广中的几项重点如下。

①搞好网络市场中的虚拟"门面"　这里说的门面主要指采摘园官方网站、微信公众号和官方微博的优化及维护，主要打造品牌文化及价值。

②增强网络市场中的品牌渗入度　通过在各大社交网络平台，如百度贴吧、论坛等平台发布自己采摘园官方网站、微信公众号或微博的推广链接或宣传广告来提高知名度。

③提高网络市场中的"卖场"参与度　指通过加入多种应用广泛、下载量大的优质的 P2P 客户端、移动端等网络终端产品来

接触目标消费群体。这些终端产品是最接近消费者也是能够直接转化为消费价值的，如美团网、大众点评等。

④"借船出海"与"抱团取暖" 采摘园的网络营销要强化"借船出海"的意识。依靠采摘园自身进行网络宣传往往会受到自身条件的限制。要充分发挥政府平台的作用，积极参与各级政府组织建设的各种平台及相关对接活动，如农民专业合作组织、农村行业协会、农业产业联盟等主体，通过接触、加入这些组织，为采摘园登上相关平台奠定基础。要积极将采摘园和相关产品打入此类组织网站，进行推销经营。此外，政府要有意识地建设此类组织，加强平台建设，吸引采摘园及其他园区主体进驻。

Q8 如何建立有效的利益关系？

（1）建立"公司＋采摘园"的投资方式 实行企业化运作。小的采摘园依托大公司，生产经营管理全部实行企业化运作，着眼于长效发展，可以实现生产、销售一条龙服务。

（2）建立"采摘园＋高等院校"的合作形式 实行农产教一体化，与大专院校、科研院所签订技术承包和技术服务协议，建立合作关系。由大专院校、科研院所负责园区规划、设计及生产技术指导，园区通过组织培养脱毒技术、工厂化育苗技术、现代温室技术、节水灌溉技术及电子计算机控制等一系列农业高新技术的运用，可保证园区的科技优势。与大专院校、科研院所合作，建立利益共享、风险共担的利益机制。大专院校、科研院所与采摘园形成利益共同体，增强参与竞争和抵御风险的能力。

（3）建立"采摘园＋果农"的生产方式 实行产业化经营，人们对食品绿色和保健功能的追求，将使果品产业结构发生调整。

采摘园依靠其明显的科技、信息优势，利用现代化设施和先进技术生产各类优质、新鲜、安全的果蔬品，以满足消费者多层次要求。采摘园带来的新项目、新品种、新技术可以吸引果农以土地入股的方式经营，与果农签订单，保证产品销售、收购数量，可以形成以采摘园为龙头带动大规模果蔬业结构大调整的局面。

（4）建立"批发市场＋采摘园"的营销机制　把采摘园与市场有机联系起来，按照市场需求进行产业化经营，生产各类优质、新鲜、卫生、安全的农副产品，满足市民多层次的需求。重视以市场为导向，挖掘与开发富有本地特色的农副产品，重视科技含量较高的新品开发，以示范园的形式出现，创造广阔的市场发展前景和巨大的发展空间，以满足市民的各种需求，提升观光采摘园的市场观念。

采摘园认证管理

Q1 采摘园为什么要进行认证管理？

采摘园的产出必须是安全、优质、营养丰富的产品。所谓无公害果品是在良好的生态环境条件下生产的果品，其生产过程未被有害物质污染或轻微污染但符合国家无公害标准的果品，经认证合格，获得认证证书并允许使用无公害果品标志的未经加工或初加工的果品。

目前，人们对食品质量安全越来越重视，无公害果品是采摘园生产果品的最基本要求。无公害果品的生产有严格的标准和程序，主要包括环境质量标准、生产技术标准和产品质量检验标准，经考察、测试和评定，符合标准的才可称为无公害果品。其质量标准：一是安全。不含对人体有毒、有害物质，或者将有害物质控制在安全标准以下，对人体不产生任何危害。二是卫生。农药残留、硝酸盐含量、"三废"（废水、废气、废渣）等有害物质不超标，生产中禁用高毒农药，限制使用中等毒性农药，合理施用化肥。三是产品内在品质好。四是营养成分高。

条件好的采摘园应该有更高标准的果品质量要求，即生产绿色果品或有机果品。

绿色果品是在生态环境质量符合规定标准，遵循可持续发展原则，按照绿色生产方式生产，经专门机构认定和许可，使用绿色食品标志的无污染的安全、优质、营养类果品。可持续发展原则的要求是，生产的投入量和产出量保持平衡，既要满足当代人的需要，又要满足后代人同等发展的需要。绿色果品在生产方式上对农业以外的能源会采取适当的限制，以更好地发挥生态功能的作用。

有机果品是根据有机农业原则和有机果品生产方式及标准生产、加工出来，并通过有机食品认证机构认证的果品，有机农业的原则是在农业能量的封闭循环状态下生产，全部过程都利用农业资源，而不是利用农业以外的资源（化肥、农药、植物生长调节剂和添加剂等）影响和改变农业的能量循环。有机农业生产方式是利用动物、植物、微生物和土壤4种生产因素的有效循环，不打破生物循环链的生产方式。有机果品是纯天然、无污染、安全营养的食品，也可称为"生态食品"。

发展无公害、绿色、有机农产品和地理标志认证是促进农业结构调整的有效措施：可以优化产品结构，大大促进农产品质量和质量标准的提高。"三品一标"的认证有利于增强农产品加工企业的产品竞争力，发展"三品一标"对加强农产品质量标准、质量认证、质量监测、标准化生产等制度和体系建设有重要推动作用。目前，我国70%以上的农业产业化重点龙头企业获得"三品一标"认证登记。国内外市场相关数据表明，无公害、绿色、有机农产品比一般农产品价格高5%～20%，而且市场需求旺盛。开发无公害、绿色、有机农产品可以提高农业经济效益，具有较好的市场发展前景。

Q2 什么是"三品一标"？

（1）**无公害农产品**　无公害农产品是指产地环境、生产过程和产品质量符合国家有关标准和规范的要求，经认证合格获得认证证书并允许使用无公害农产品标志的未经加工或者初加工的食用农产品。

（2）**绿色食品**　绿色食品是指产自优良生态环境，按照绿色

食品标准生产，实行全程质量控制并获得绿色食品标志使用权的安全、优质食用农产品及相关产品。绿色食品发展始于 20 世纪 90 年代初期，是在发展高产、优质、高效农业大背景下推动起来的。绿色食品确立了增进人民身体健康、保护农业生态环境和促进农业可持续发展的核心理念，推行了"保护环境、清洁生产、健康养殖、安全消费"的可持续生产方式，创建了"以技术标准为基础、质量认证为形式、标志管理为手段"的基本运行制度，建立了"以标志品牌为纽带、龙头企业为主体、基地建设为依托、农户参与为基础"的产业发展模式。自从农业部于 1993 年发布《绿色食品标志管理办法》至今，绿色食品从概念到产品，从产品到产业，从产业又发展成为一个安全优质农产品精品品牌，取得了明显的经济、生态和社会效益。

（3）**有机食品**　有机食品是指来自有机农业生产体系，根据有机农业生产要求和相应标准生产加工，并通过合法、独立的有机食品认证机构认证的农副产品及其加工品。有机食品是在国际有机农业宣传和辐射带动下发展起来的，定位为在资源禀赋、适宜的地区稳步健康开发有机食品，满足国内较高层次消费需求，参与国际市场竞争。

（4）**农产品地理标志**　农产品地理标志是指标示农产品来源于特定地域，产品品质和相关特征主要取决于自然生态环境和历史人文因素，并以地域名称冠名的特有农产品标志。农业部立足于提升各地区域优势农产品核心竞争力，整合区域资源优势，并借鉴欧洲一些发达国家的发展经验，提出了在全国实施农产品地理标志登记制度。2007 年年底农业部发布了《农产品地理标志管理办法》，标志着农业部门农产品地理标志登记保护工作正式启动。

Q3 "三品一标"的相互关系是什么?

"三品一标"之间既各具特色又互有联系。从本质上说,无公害农产品、绿色食品、有机食品都是经质量认证的安全农产品,并且其认证管理机构都要求生产者有生产规程、质量控制追溯等制度。无公害农产品是绿色食品和有机食品发展的基础,绿色食品和有机食品是在无公害农产品基础上的进一步提高。无公害农产品、绿色食品、有机食品都注重生产过程的管理,无公害农产品和绿色食品侧重对影响产品质量因素的控制,有机食品则侧重对影响环境质量因素的控制。获得农产品地理标志保护的农产品,不仅要求其安全,而且还要带有地域和文化特色。主要区别如下。

(1)执行的标准不同 无公害食品是按照相应生产技术标准生产的、符合通用卫生标准并经有关部门认定的安全食品。目前,已经发布的无公害农产品质量标准等同于或高于国内食品卫生标准。绿色食品标准参照了联合国粮农组织和世界卫生组织体系标准,要求绿色产品的原料产地必须具有良好的生态环境。原料作物的生长过程及水、肥、土条件必须符合一定的无公害控制标准。有机食品与无公害食品、绿色食品的最显著差别是前者要建立全新的生产和监控体系,采用相应的病虫害防治、地力保持、种子培育、产品加工和贮存等替代技术,在其生产和加工过程中绝对禁止使用农药、化肥、除草剂、合成色素、植物生产调节剂等人工合成物质。后者则允许有限制地使用这些物质。农产品地理标志保护的农产品必须有独特的品质特性或者特定的生产方式。产品品质和特色主要取决于独特的自然生态环境和人文历史因素,

产品也有限定的生产区域范围。

（2）**申请的主体不同**　无公害农产品的申请主体是具有一定组织能力和责任追溯能力的单位和个人。绿色食品的申请主体必须是企业法人，社会团体、民间组织、政府和行政机构等不可作为绿色食品的申请人。有机食品的申请主体为有经营资格的生产实体（农业企业、合作社和个人）。农产品地理标志是集体公权的体现，企业和个人不能作为农产品地理标志登记申请人，应当是由县级以上地方人民政府择优确定的农民专业合作经济组织、行业协会等服务性组织作为申请人。

（3）**推行的主体不同**　无公害农产品、绿色食品和农产品地理标志是由农业部独家认证登记、推广和监管的安全农产品。除在农业部登记农产品地理标志保护之外，质检、工商部门也登记保护地理标志产品，但农业部门只登记保护和监管农产品；有机食品则是由经国家认证认可监管委员会（以下简称为国家认监委）批准获得认证资格的多家机构认证推广，谁认证谁监管，其中农业部门的认证和监管体系最健全。

Q4　无公害认证有哪些特点？

（1）**认证性质**　无公害农产品认证执行的是无公害食品标准，认证的对象主要是百姓日常生活中离不开的"菜篮子"和"米袋子"产品。也就是说，无公害农产品认证的目的是保障基本安全，满足大众消费，是政府推动的公益性认证。

（2）**认证方式**　无公害农产品认证采取产地认定与产品认证相结合的模式。产地认定主要解决生产环节的质量安全控制问题；产品认证主要解决产品安全和市场准入问题。无公害农产品认证的过程是一个自上而下的农产品质量安全监督管理行为；产地认定是对农业生产过程的检查监督行为，产品认证是对管理成效的确认，包括监督产地环境、投入品使用、生产过程的检查及产品的准入检测等方面。

（3）技术制度　无公害农产品认证推行"标准化生产、投入品监管、关键点控制、安全性保障"的技术制度。从产地环境、生产过程和产品质量3个重点环节控制危害因素含量，保障农产品的质量安全。

Q5 无公害认证有哪些申请条件？

无公害农产品认证申请主体应当具备国家相关法律、法规规定的资质条件，具有组织管理无公害农产品生产和承担责任追溯的能力。从2009年5月1日起，不再受理乡镇人民政府、村民委员会和非生产性的农技推广、科学研究机构的无公害农产品认证申请。

（1）产地要求　无公害农产品产地环境必须经有资质的检测机构检测，灌溉用水（畜禽饮用、加工用水）、土壤、大气等符合国家无公害农产品生产环境质量要求，产地周围3 000米范围内没有污染企业，蔬菜、茶叶、果品等产地应远离交通主干道100米以上；无公害农产品产地应集中连片、产品相对稳定，并具有一定规模。

（2）申报范围　无公害农产品认证申报范围，严格限定在农业部公布的《实施无公害农产品认证的产品目录》内。从2009年5月1日起，凡不在《实施无公害农产品认证的产品目录》范围内的无公害农产品认证申请，一律不再受理。

（3）**材料要求**　申请人可以直接向所在县级农产品质量安全工作机构提出无公害农产品产地认定和产品认证一体化申请，并提交以下材料：①《无公害农产品产地认定与产品认证申请书》。②国家法律、法规规定申请者必须具备的资质证明文件（复印件），如营业执照、注册商标、卫生许可证等。③《无公害农产品内检员证书》（复印件）。④无公害农产品生产质量控制措施。⑤无公害农产品生产操作规程。⑥符合规定要求的《产地环境检验报告》和《产地环境现状评价报告》或者符合无公害农产品产地要求的《产地环境调查报告》。⑦符合规定要求的《产品检验报告》。⑧以农民专业合作经济组织作为主体和"公司＋农户"形式申报的，提交与合作农户签署的含有产品质量安全管理措施的合作协议和农户名册（包括农户名单、地址、种养殖规模）；如果合作社申报材料中填写的是"自产自销型、集中生产管理"，请提供书面证明说明原因，并附上合作社章程以示证明。⑨大米、茶叶、咸鸭蛋、鲜牛奶等初级加工产品还需提供：加工技术操作规程、加工卫生许可证复印件或全国工业产品生产许可证复印件；如果是委托加工的，需提供委托加工协议和受委托方的加工卫生许可证复印件或全国工业产品生产许可证复印件。⑩水产类需要提供产地环境现状说明、区域分布图和所使用的渔药外包装标签。⑪无公害农产品产地认定与产品认证现场检查报告。⑫无公害农产品产地认定与产品认证报告。⑬规定提交的其他相应材料。

（4）**工作流程**　凡符合《无公害农产品管理办法》规定，生产产品在《实施无公害农产品认证的产品目录》内，具有无公害农产品产地认定有效证书的单位和个人（以下简称申请人），均可申请无公害农产品认证；申请人从中心、分中心或所在地省级无公害农产品认证归口单位领取，或者从中国农业信息网下载《无公害农产品认证申请书》及有关资料。

分中心自收到申请材料之日起，在 10 个工作日内完成申请材料的审查工作。组织评审委员会专家进行全面评审，在 15 个工作日内做出认证结论。

完成认证后，同意颁证的，中心主任签发《无公害农产品认证证书》；不同意颁证的，中心书面通知申请人。《无公害农产品认证证书》有效期为 3 年，期满如需继续使用，证书持有人应当在有效期满 90 日前按本程序重新办理。任何单位和个人（以下简称投诉人）对中心检查员、工作人员、认证结构、委托检测机构、获证人等有异议的均可向中心提出投诉；中心应当及时调查、处理所投诉事项，并将结果通报投诉人；投诉人对中心的处理结论仍有异议，可向农业部和国家认监委投诉。

绿色食品认证始创于 1990 年，旨在提高食品质量安全水平，促进消费者健康；保护农业生态环境，促进可持续发展。绿色食品认证与发展借鉴国际经验，结合我国国情，创建了"以技术标准为基础、质量认证为形式、商标管理为手段"的发展模式。

Q6 绿色食品应具备哪些条件？

①产品或产品原料产地必须符合绿色生态环境质量标准。②农作物种植、畜禽饲料、水产养殖及食品加工必须符合绿色食品生产操作规程。③产品必须符合绿色食品产品标准。④产品的包装、贮运必须符合绿色包装贮运标准。⑤由转基因原料生产（饲养）加工的任何产品均不受理。

Q7 绿色食品的申请人要具备哪些条件？

申请人必须是企业法人，社会团体、民间组织、政府和行政机构等不可作为绿色食品的申请人。同时，还要求申请人具备以下条件：①具备绿色食品生产的环境条件和技术条件。②生产具备一定规模，具有较完善的质量管理体系和较强的抗风险能力。③加工企业须生产经营 1 年以上方可申请受理。

Q8 如何申请绿色食品认证？

中国绿色食品发展中心是绿色食品的具体管理部门。国家在全国 29 个省、自治区、直辖市成立了绿色食品管理机构，开展绿色食品的质量检验和绿色食品标志使用的审核工作。根据《绿色食品标志管理办法》第六条的规定，申请在产品上使用绿色食品标志的程序如下。

第一，申请人填写《绿色食品标志使用申请书》一式两份（含附报材料），报所在省（自治区、直辖市、计划单列市，下同）绿色食品管理部门。

第二，省绿色食品管理部门委托通过省级以上计量认证的环境保护监测机构，对该项产品或产品原料的产地进行环境评价。

第三，省绿色食品管理部门对申请材料进行初审，并将初审合格的材料报中国绿色食品发展中心。

第四，中国绿色食品发展中心会同权威的环境保护机构，对上述材料进行审核。合格的由中国绿色食品发展中心指定的食品监测机构对其申报产品进行抽样，并依据绿色食品质量和卫生标准进行检测；对不合格的，当年不再受理其申请。

第五，中国绿色食品发展中心对质量和卫生检测合格的产品进行综合审查（含实地核查），并与符合条件的申请人签订"绿色食品标志使用协议"，由农业部颁发绿色食品标志使用证书及编号，报国家工商行政管理总局商标局备案，同时公告于众。对卫生检测不合格的产品，当年不再受理其申请。

中国绿色食品发展中心对企业的申报材料进行审核，若材料合格，则将书面通知省绿色食品管理机构并委托其对申报产品进行抽样检查。省绿色食品管理机构接到中心的委托抽样单后，将委派 2 名或 2 名以上绿色食品标志专职管理售货员赴申报企业进行抽样，并将抽样品送绿色食品定点食品监测中心，依据技术监测报告得出终审结果。终审合格后，中国绿色食品发展中心将书面通知申报企业前往中国绿色食品发展中心办理领证手续，并交纳标志服务费，原则上每个产品 1 万元（系列产品优惠）。

绿色食品标志管理人员对所辖区域内的绿色食品生产企业每年至少进行 1 次监督检查，将企业种植、养殖、加工等规程执行情况向中心汇报。

中国绿色食品发展中心每年年初下达抽检任务，指定定点的食品监测机构、环境监测机构对企业使用标志的产品及其原料产地生态环境质量进行抽检，抽检不合格者取消其标志使用权，并公告于众。所有消费者对绿色食品都有监督的权利。消费者有权了解市场中绿色食品的真假，对有质量问题的产品可直接向中心举报。

Q9 有机食品应符合哪些条件？

有机食品必须符合以下 4 个条件：①原料必须来自于已建立

的或正在建立的有机农业生产体系，或采用有机方式采集的野生天然产品。②产品在整个生产过程中严格遵循有机食品的加工、包装、贮运、运输标准。③生产者在有机食品生产和流通过程中，有完善的质量控制和跟踪审查体系，有完整的生产和销售标准。④必须通过独立的有机食品认证机构的认定。

有机产品中占绝大多数的是有机食品，有机食品是生产加工过程中不使用农药、化肥、植物生长调节剂等人工合成物质的环保型安全食品。它与绿色食品和无公害食品共同组成我国的安全食品。

Q10 有机食品生产有哪些要求？

（1）生产要求　生产基地在近 3 年内未使用过农药、化肥等禁用物质；种子或种苗未经基因工程技术改造过；生产基地应建立长期的土地培肥、植物保护、作物轮作和畜禽养殖计划；生产基地无水土流失、风蚀及其他环境问题；作物在收获、清洁、干燥、贮存和运输过程中应避免污染；在生产和流通过程中，必须有完善的质量控制和跟踪审查体系，并有完整的生产和销售记录档案。

（2）加工要求　原料来自获得有机认证的产品和野生（天然）产品；获得有机认证的原料在最终产品中所占的比例不少于95%；只允许使用天然的调料、色素和香料等辅助原料和有机认证标准中允许使用的物质，不允许使用人工合成的添加剂；有机食品在生产、加工、贮存和运输的过程中应避免污染；加工和贸易全过程必须有完整的档案记录，包括相应的票据。

Q11 有机产品认证机构有多少？

根据《中华人民共和国认证认可条例》和《有机产品认证管理办法》的规定，国家认监委负责有机产品认证活动的统一管理和综合协调工作，各有机产品认证机构对所颁发认证证书有效性承担法律责任。2016 年中国有机产品认证机构为 23 家。

Q12 申请有机产品认证需提交哪些材料？

申请者书面提出申请认证时，根据《有机产品认证实施规则》的规定，应向有机认证机构提交下列材料：①申请者的合法经营资质文件，如营业执照、土地使用证、租赁合同等。②申请者及有机生产、加工的基本情况，如申请者名称、地址和联系方式、生产、加工规模，包括品种、面积、产量、加工量等描述。③产地（基地）区域范围，包括地理位置图、地块分布图、地块图。④申请认证的有机产品生产、加工、销售计划。⑤产地（基地）、加工场所有关环境质量的证明材料。⑥有关专业技术和管理人员的资质证明材料。⑦保证执行有机产品标准的声明。⑧有机生产、加工的质量管理体系文件。⑨其他相关材料。

Q13 什么是地理标志保护产品？

指产自特定地域，产品所具有的质量、声誉或其他特性取决于该产地的自然因素和人文因素，经审核批准以地理名称进行命名的产品，并进行地域专利保护。

Q14 地理标志保护产品的申请主体有哪些?

农业部的农产品地理标志登记申请人为县级或以上地方人民政府根据条件择优确定的事业编制性质的机构、农民专业合作社、行业协会等组织。

Q15 申报地理标志保护产品的材料有哪些?

农业部的农产品地理标志产品认证,除申请人资质证明之外,要求提供产品典型特征特性描述和相应产品品质鉴定报告,产地环境条件与生产技术规范和产品质量安全控制规范、地域范围确定性文件和生产地域分布图、产品实物样品或者样品图片等,还要求建立质量控制追溯体系;要求地理标志产品登记证书持有人和标志使用人对地理标志农产品的质量和信誉负责,并依据《农产品地理标志管理办法》的实施需要,组织制定了《农产品地理标志产品品质鉴定规范》等20多个配套技术规范。

采摘园可以是地理标准申请参与者,也是地理标准保护的受益者。符合条件的采摘园可以向有关机构和部门申请使用地理标志保护产品标志或商标,以标明其产地身份,获得相应的市场地位。

采摘园评价

Q1　开展采摘园评价的目的是什么？

随着人们生活水平的提高和休闲时间的增加，近年来采摘园数量迅速增加，吸引大量市民纷纷走进采摘园，体验农家生活，既放松了身心还能吃到新鲜的蔬菜水果。果农通过开办采摘园，一方面解决了产品的销路问题，另一方面还省去了大量人工费。很多旅行社也把目光投向了采摘游，使其成为淡季旅游的新亮点。推行采摘游，三方各展其能，实是多赢之举。

目前，许多采摘园多为果农自发建立，因盲目跟风而产生了一系列的问题。由于缺乏专业化的产品设计，因此采摘园配套服务严重不足，为游客提供吃住玩的"农家乐"也是低水平运作。要让采摘园真正实现多赢，就得让采摘园全面升级，发展品牌优势，规范化、标准化管理。

Q2　如何推进采摘园的规范化建设？

规范采摘园的建设原则、基本要求、规划设计、环境质量要求、设施建设、农业产业、休闲服务等内容，将其用来指导和规范采摘园的建设和发展，推动观光采摘和休闲农业健康发展。

采摘园的建设要结合主导产品，以相关领域的标准园建设为基础，如《国家葡萄标准果园建设标准》《重庆市标准化柑橘果园建设规范》，满足相关制度规划的要求。在此基础上，增加休闲观光采摘设施与服务供给，形成生产与生活等多功能复合的农业园区。

Q3 采摘园服务规范内容有哪些?

为了加强采摘园的建设，相关部门和地区按照实际需求，推出了采摘园的建设标准和服务规定，为农户和企业的建设行为提供了标准。如安徽省制定了 DB34/T 2613.7—2016《乡村旅游服务质量要求与评定第七部分：采摘篱园》，山东省制定的《精品采摘园旅游服务规范与评定》对相关行政区域内的采摘园旅游服务进行了规范与评定，对行业发展起到重要的引导与规范作用。以山东省制定的《精品采摘园旅游服务规范与评定》为例，采摘园的服务规范与评定涉及以下主要内容。

（1）**术语和定义** 采摘园是指利用农业资源建设的，以采摘为主，以观光、休闲、教育为辅的乡村旅游园区。旅游者在这里享受采摘、收获乐趣、欣赏田园风光、放松身心、了解相关的农业知识。采摘区是指各类农作物种植区，包括果园、菜园、茶园、花圃等。

（2）**基本要求**

①园 区

a. 果品采摘区占地面积不少于 50 亩，边界明确。

b. 设置相对独立的采摘区和公共服务区。区内卫生整洁，无乱堆、乱放、乱搭、乱建现象。

c. 日接待能力不低于 200 人次。

②采 摘 品

a. 古树、新品种、特殊品种等应挂牌，注明品种、特色、树龄、质量、营养成分等。各类采摘品应为国家有关职能部门认定的无公害产品。

b. 植物间距应合理，密度太大的区域不对游客开放。

③安　全

a. 在明显位置设置提示牌，标明农药化肥使用情况及安全期时限。

b. 水渠边、陡坡等地域应设置安全防护设施，并设立明显的警示标志。

c. 采摘大棚高度不低于 2 米，应有良好的通风换气设施设备。

④交　通

a. 车辆能够进入采摘园 200 米以内的范围。

b. 通往采摘园的公路为硬化路面。

c. 采摘区内道路应当硬化或为沙土路、石板路、木栈道，宽度不小于 1 米，排水性能良好。

d. 区内或附近 500 米内有泊车场地，面积不少于 500 平方米。

⑤设　施

a. 通往采摘区的主干线路口设有交通指示牌。

b. 区内引导标识清晰健全。

c. 提供果蔬洁净设施。

d. 区内至少有 1 处男、女分设的厕所，保持清洁。

⑥服　务

a. 区入口处设置采摘园名称、采摘线路和服务项目介绍。

b. 设有休息区，提供饮水服务。

c. 提供与采摘内容相关的知识。

d. 提供采摘方法及采摘品的特色、品质、价格及相关说明。

e. 提供采摘所需的用具，如工具、防护用具和采摘品包装。

f. 提供引领服务和采摘指导服务。

g. 提供必要的医疗救助服务。

h. 服务人员具有良好的仪容仪表，待客礼貌热情。

i. 服务应符合 DB37/T 2180—2012 乡村旅游服务规范。

⑦管　理

a. 有相对固定的管理和服务人员。

b. 管理制度完善，岗位责任明确。从申报之日起，前1年内未发生重大安全事故。明示采摘注意事项，包括规范的采摘方式方法、服装，以及过敏、划伤等情况发生后的处理地点与方法。

c. 公开价格，包括采摘品价格、包装及有关用品的价格。

d. 公开咨询电话、投诉电话及网站网页。

e. 遵守相关法律、法规和标准，依法维护游客合法权益。

（3）加分项目

①环　境

a. 服务区环境良好，设置休闲区，采摘区具有一定的观赏性。

b. 有公交线路通达采摘区。

c. 采摘区距离高速公路出入口、国道在 0.5 小时以内。

d. 周边1 000 米范围内有可供100人以上同时就餐的饭店（餐馆）或挂牌农家乐。

e. 采摘品产地环境安全符合 GB 18407.1 和 GB 18407.2 的要求。

②活　动

a. 举办赏花节、采摘节等活动。

b. 开展植物认养、认领等活动。

c. 开展采摘品评选、评奖等活动。

d. 举办采摘品拍卖等活动。

③服　务

a. 提供与采摘品相关的科普知识，包括品种、生长特点、营养成分等。

b. 提供采摘技巧，包装、保存方式及科学的食用方法。

c. 提供食宿服务，并提供自有开发的特色餐饮。

d. 提供采摘品深加工服务及产品。

e. 提供产品配送及邮寄服务。

f. 各类采摘品采摘期在 30 日以上。

④品　质

a. 采摘品被国家有关职能部门认定为绿色产品。

b. 采摘品被国家有关职能部门认定为有机产品。

c. 采摘品被国家有关职能部门认定为地理标志产品。

⑤荣　誉

a. 采摘品被国家有关职能部门认定为著名品牌。

b. 采摘园被评为 A 级旅游景区或省乡村旅游等级。

c. 采摘园被国家有关职能部门授予相关荣誉称号。

Q4 采摘园评价的其他要求有哪些？

北京市地方标准（DB11/T 652.3—2009 乡村旅游特色业态标准及评定　第三部分　采摘篱园）规定了北京地区采摘园的评价标准。其主要内容与山东省标准相似，但在服务上增加了新的内容，如种植特色植物时强调品种丰富，具有景观效果；科普讲解与展示要求具有可供陈列展示的场所，具有相对固定的解说人员和专业化的讲解牌示系统；节能与环境保护方面，要求采用节水灌溉技术和设施、清洁能源设备、可降解餐饮器皿和环保包装材料，并对园区的市场影响力提出了要求。

采摘篱园标准规定了对采摘园进行打分的主要技术指标。总分为 600 分，分值达到 420 分以上的可以申请认定。该评分标准的制定会为下一步开展采摘园的星级评定与管理提供基础。

采摘园创业典型案例

　　昌平苹果主题公园位于北京市昌平区十三陵水库北岸，被明十三陵环绕，地理位置得天独厚。公园占地面积约800亩。该公园是迄今为止我国首个以苹果为主题、融园艺园林于一体的现代果园。

　　园区种植了800种以上国内外苹果优良品种，集世界苹果品种之大成，并采用国际流行的苹果矮化密植细纺锤形整枝为主要栽培技术模式，发挥资源储备、栽培示范、果农培训、市民观光等综合功能。该园区成为昌平区苹果优势产业更好更快发展的一个新亮点。

　　公园因地制宜，充分发挥优势，通过园林、园艺手段，创造以苹果为主题的、新颖、具有时代感的园林景观。同时，以植物造景为主，构筑绿色的生态环境，以新颖的手法展示悠久的苹果文化和地方文化，更新观光农业概念，提升观光产业水平，为市民游览观光提供一个高质量的户外活动空间。公园的规划建设，可充分发挥栽培示范、良种繁育、果农培训、科普宣传、市民观光等综合功能，并通过搭建国际性的苹果技术交流平台，促进昌平苹果产业做强做精，为农民富裕和新农村建设做出新的贡献。

　　公园主要设施包括大门、博物馆、会所、茶艺馆和生态餐厅等。2处公园大门及附属停车场总面积2 620平方米，可方便游客出入停车需要；苹果博物馆及周边广场总面积

3 000 平方米，可满足科普、观光和休闲需要；木屋 2 座，总面积 430 平方米，可满足住宿、休闲需要；茶艺馆 1 座，总面积 305 平方米，可满足观光、休闲需要。

2007 年 10 月，作为北京都市农业中林果产业的重头戏——北京昌平第四届苹果文化节，在北京昌平苹果主题公园举办。苹果主题公园具有社会、经济、生态等多项功能，已发展成为苹果产业发展的示范园、百姓休闲旅游的生态园。

案例二 北京市密云区酒乡之路

"酒乡之路"是北京市密云区巨各庄镇打造绿色休闲之都的一个主题，主要是沿密兴路两侧打造的集葡萄种植、采摘、加工及葡萄酒品鉴为一体，并可感受异国葡萄酒风情的产业带。

巨各庄镇地处暖温带半湿润地区，镇域内大部分地区都属丘陵区，土壤 pH 值适中，有机质含量高，降水充足，同时无霜期、积温、日照时数和光强等都满足葡萄的生长和着色所需，所以非常适合葡萄种植。

产业带以张裕爱斐堡国际酒庄为龙头，在酒庄的带动下发展葡萄产业。2010 年以来，巨各庄镇在酒乡之路沿线的 7 个葡萄基地和村庄，建起了 8 000 米葡萄长廊。

巨各庄镇酒乡之路自 2010 年开始建设，目前已发展鲜食葡萄 5 000 亩、酿酒葡萄 3 000 亩、葡萄基地 15 个、葡萄长廊 10 000 米。天葡庄园、酒乡之路"8 号"、岩石葡萄庄园、金山葡萄庄园、润之都葡萄庄园等 15 家各具特色的葡萄基地通过实施标准化生产技术，合理布局早、中、晚熟品种，将采摘季从最初的 1 个月，延长为 4 个月（7 月中旬至

11月中旬）。

酒乡之路全长15千米，8 000亩葡萄园从张裕爱斐堡酒庄一直延伸到青山脚下、金鼎湖畔。葡萄种类丰富多样，有风味浓、口感佳的夏黑、甘甜爽口的维多利亚、草莓香味的巨峰、外观奇特的美人指等几十个品种。人们在这里可以做一天忙碌的果农，感受采摘带来的乐趣，品尝优质新鲜的葡萄，畅饮甘露般的葡萄美酒，欣赏风景如画的田园风光，领略葡萄文化的无穷魅力。还可以前往蔡家洼工业园参观热带植物、品尝特色蔡家洼豆腐宴、游览浪漫张裕爱斐堡国际酒庄，又或去岩石庄园感受篝火烧烤、去润之都庄园体验高大上的房车小屋等。

1. 产业结构得以升级　酒乡之路沟域以现代农业为主攻方向，以工业化理念谋划农业，围绕农业增效、农民增收的目标，采用"酒庄＋种植基地＋庭院经济"的生产经营方式，着力加强酿酒用葡萄基地及酿酒葡萄企业建设，使传统农业结构得以改善，农业生产效益得以提高，从而带动民俗旅游业的发展。坚持"新三"模式，推动沟域经济创新发展，发挥张裕爱斐堡龙头企业的引领和带动作用，集农业（葡萄种植）、工业（加工）、休闲旅游、文化创意模式于一体，特色更加鲜明，奠定了巨各庄镇乃至密云农业产业结构调整的基础。2013年，该产业体系趋向完善，密云酒乡之路大做葡萄文章，累计流转土地7 000亩，发展葡萄采摘种植园14个，形成了以张裕爱斐堡为龙头、园区经济与庭院经济为依托的葡萄产业，前三季度仅葡萄产业税收就达5 600多万元。

2. 旅游品牌得以塑造　巨各庄镇全力推进酒乡之路建设，以亿元资金为引擎，从旅游项目建设、旅游品牌塑造、旅游品质提升等方面加大建设力度，旅游业的发展环境得到进一步优化和完善，旅游品牌知名度和影响力得到进一步的提升，形成了以葡萄及葡萄酒文化为特色的旅游示范区，带动了全镇第三产业的发展。截至2013年，巨各庄镇A级以上景区旅游收入18 750万元，接待游客15万人次；民俗文化收入6 250万元，接待游客5万人次。在酒乡之路沟域经济的带动下，极大地促进了周边群众的就业增收，提高了巨各庄镇农村经济总收入与农民的人均纯收入，各项经济指标均位于密云县前列，加快了旅游产业的发展，呈现跨越式发展的势头。打造了独具特色的精品产业，以葡萄酒庄产业集群为基础，集精品农业、葡萄酒、农产品深加工、休闲服务业、文化创意产业为一体的"精致乡村生活体验地，国际休闲梦想实现地"为发展定位，以打造首都精品葡萄产业第一镇为发展目标，力图通过酒乡之路沟域经济的持续发展，实现经济收益、社会效益、生态收益全面发展的良好前景。

自酒乡之路沟域经济项目实施以来，新华网、北京日报、中国新闻网、参考消息、环球时报、北京商报、京华时报、京郊日报、北京商报、农民日报、中国经济导报、法制晚报等多家媒体对其进行了报道，极大地提升了巨各庄镇的地区影响力和酒乡之路的品牌影响力，也为酒乡之路沟域经济建设营造了良好的发展氛围。

案例三　上海市嘉定区马陆葡萄采摘园

马陆葡萄主题公园位于上海市嘉定区马陆镇，是一个集葡萄种植、生产、科研、示范和旅游休闲于一体的葡萄产业基地和农业旅游示范点。马陆葡萄始种于1981年，至今已有30多年的发展历史。经过30多年的不断探索和引种改良，目前全镇葡萄种植面积近5 000亩，拥有早、中、晚3个大类共 70 多个葡萄品种，其中主要包括巨峰、藤稔、无核白鸡心、里扎马特、醉金香、夏黑、奥古斯特、巨玫瑰、秋红、喜乐、京亚等。

为了优化葡萄产业、弘扬葡萄文化、展示马陆葡萄科学发展的内涵，2005 年 3 月，马陆镇政府批准立项建设马陆葡萄主题公园，这是上海市郊第一家以单一农作物为特色的农家乐主题公园。马陆葡萄主题公园占地 30 公顷，总投资 4 000 多万元。马陆葡萄主题公园以 500 亩葡萄为依托，采用现代农业设施栽培技术，集科研、示范、培训、休闲于一体，着力向游人展现十大景观："情侣葡萄园""采摘葡萄园""观赏葡萄园""水上葡萄园""葡萄盆景园""葡萄长廊""葡萄科普园""葡萄科普馆""水果花卉园"和"垂钓中心"。

马陆葡萄公园因其环境优美、旅游配套设施齐全，充分展示了田园风光与现代农业的魅力。2006 年，马陆葡萄公园被评为"全国农业旅游示范点"；2008 年 5 月，被评为"上海市科普教育基地"；2009 年，升级为"全国科普教育基地"；同年，公园又被评为"国家 AAA 级旅游景区"。

马陆葡萄公园自建立以来，吸引了全国各地的游客前来考察参观学习。自 2001 年以来，马陆葡萄节已经连续举办了 17 届。

马陆优质无公害葡萄在上海乃至全国都有较高的知名度，以其上乘的质量、浓郁的口味、丰富的营养深受广大市民的欢迎。葡萄是马陆镇农业的特色产品，葡萄种植涉及千家万户，种植规模居全市之首。

马陆镇 1999 年被农业部命名为中国"葡萄之乡"。2001年，上海市优质葡萄品评活动中，马陆葡萄研究所生产的"马陆"牌葡萄获得金奖；2010 年，又成为上海服务世博果品供应基地；2004 年，马陆葡萄的种植规模已经达到 4 300

多亩，占据上海郊区葡萄生产总面积较大比例。

自2000年初马陆葡萄开始进入市场化运作，推行精品路线，实施品牌战略，并于2002年和2006年先后注册了"马陆"和"传伦"牌商标。2002年，研究所生产的早、中、晚熟系列葡萄成为全市第一家通过上海市优质农产品认证的水果。马陆葡萄的四大特点"品种最多、成熟最好、品质最优、效益最高"已是路人皆知；马陆牌"富硒"葡萄，每年都以50元／千克的价格被消费者抢购一空。马陆葡萄已成为沪上现代农业的一个知名品牌，成为马陆走向全国的名片。

在马陆葡萄产业化发展道路上，马陆葡萄研究所发挥了创新和示范的重要作用。它是上海市郊第一家葡萄专业性科研机构，2000年9月升格为上海市葡萄研究所。在葡萄技术专家单传伦所长的带领下，该所经过不断创新，培育出了优质的马陆葡萄。2001年，在上海市优质葡萄品评活动中，马陆葡萄研究所基地生产的马陆牌葡萄获得金奖。

1. 品尝大厅　在葡萄收获的季节，到马陆葡萄主题公园观光旅游是一次甜蜜的旅行。未游览先尝鲜，每个游客都可以品尝刚采摘下来的新鲜葡萄。

2. 葡萄走廊　迈过挂着两只红灯笼的竹门，游客们就进入了长1500米的葡萄走廊。春夏之际，游客信步在葡萄藤下，青枝绿叶，赏心悦目；盛夏时节，漫步葡萄长廊再也不会遭受炎热之苦；金秋时光，藤架上挂着一串串成熟的葡萄，信手可摘，惹人心动。

3. 水上葡萄园　这本是一条普通小河，河域面积8100平方米。河道经过清淤，砌上石坝，四周种上葡萄，葡萄架又搭在河面上。游客泛舟水上，伸手所及之处即是串串诱人的葡萄。当水上葡萄园和相邻的荷花池打通后，游客划船将更方便，葡萄、莲子可同时采摘。夜间配上灯光，夜色朦胧中灯光闪烁，天、地、水融为一体。而水上是清一色的莲藕，水里是摇头摆尾的游鱼。游客在尽情采摘葡萄的同时，又能享受采莲和垂钓的乐趣。此情此景，恍若置身于画中。"水上葡萄园"融水天为一体，揉观赏与采摘于一体，别出心裁。

4. 葡萄科普园与小水果园　葡萄科普园集中种植葡萄科葡萄属的多种植物。其中有长刺的葡萄、雌雄异株的葡萄、野生葡萄和葡萄砧木等，形态各异，别有看头。走一回葡萄科普园，可让青少年开阔眼界、增长见识、培养热爱自然的兴趣。小水果园中种植着樱桃、海棠、杏子、早熟苹果等各色水果。在此可春天观花，夏天品果，秋天赏叶。

5. 采摘葡萄园　10 000平方米的采摘葡萄园是长期生活在喧闹、繁华都市中的青少年的最爱。暑假里、双休日，全家出动或约上三五好友，到田间亲自体验一下农家乐趣，与自然亲密接触，可以扫去一周的烦闷，一解学业或工作之累。

6. 观赏葡萄园　葡萄主题公园上市的葡萄品种有近40种，分为早、中、晚熟类，全部采用国内领先的无土基质栽培，属于资源节约型、环境友好型的创新型生产模式。在这里可以了解到马陆牌葡萄的几个特点：①品种多、成熟期早、上市期长；②农药、化肥用得少，安全、卫生好；③追求质量，不追求数量；④诚心自律，管理制度健全。这里还有造型独特的葡萄，如3棵不同品种的葡萄树缠种在一起，被戏称为"三口之家"。

夏秋葡萄成熟的时候，游客都爱在清洁的草坪上席地而坐，坐半天衣裤都一尘不染。人们都说马陆葡萄主题公园真是观赏葡萄、观光休闲的好去处。

7. 葡萄酒堡　面积不大，但颇具特色，由国家级葡萄酒大师设计，展示皇轩、王朝等多种葡萄酒品牌。为满足游客自己动手酿造葡萄酒的需要，公园将专门在大棚内种植一些酿酒用葡萄品种。每年7、8月份葡萄文化节期间，游人可以自己采摘葡萄，并在技术人员的指导下自己酿造，与葡萄酒文化亲密接触。

8. 情侣葡萄园　此园区是葡萄主题公园最有特色、最诱人的游览区。4 000平方米的空间里，葡萄全采用无土有机基质栽培。这些葡萄树造型独特，富有人性化色彩。空中是碧绿的葡萄树叶和嫣红的果实，地面是光滑洁净的彩色砖块。在这里，两株不同品种的葡萄枝蔓相连，根系相结，象征着一对对情侣心相连、情相依。在大棚下，在红蓝椅上，一对对青年男女面对面坐着，听音乐、喝咖啡，浪漫、美妙而惬意。如要品尝美酒，也可任意挑选。

特别是农历七月初七，正是牛郎和织女鹊桥相会的日子，这里会举办一个中国式的情人节。灯光、布景、音乐会把神话传说中的牛郎、织女再现。游客在葡萄架下赏月、品葡萄酒，在葡萄藤下会看到他们若隐若现的身影，听他们互诉衷肠。

9. "葡萄水饺"　水饺原产北方，山东尤胜。公园的主人虽然居沪30年，但总忘不掉家乡的风味。如同善于创出新葡萄品种一样，他独树一帜地把鲜榨葡萄汁添加在面粉里，包出"葡萄水饺"。其色、香、味十分独特，仅此一家，且富营养，口感甚佳，富有马陆葡萄文化色彩，可谓马陆葡萄主题公园的特产。在农家乐餐厅，游客可以尝到马陆地区地道的农家菜。在葡萄销售区，游客可以买些马陆葡萄带回去给亲朋好友品尝。

马陆葡萄主题公园就像马陆葡萄一样，香飘四方，甜润诱人。

参考文献

［1］张元霞. 建立观光采摘园应注意的问题［J］. 新农业，2016（3）：31-32.

［2］刘学锋，张侨. 我国"三品一标"产业发展与对策研究［J］. 中国食物与营养，2014，20（4）：27-30.

［3］李惠文，何霞. 简释"三品一标"及其相互关系［J］. 河南农业，2010，21：30.

［4］呼彧，万恩梅. 采摘园建设对陕西省现代农业发展影响初探［J］. 陕西农业科学，2013，59（4）：176-177.

［5］孙明德，曹均. 生产性蔬菜园向观光采摘园转型中的景观设计［J］. 安徽农业科学，2011，39（21）：12947-12948，12951.

［6］吴鸿昌，刘斌. 葡萄主题采摘园的建设与管理［J］. 中国果菜，2016，36（11）：51-53.

［7］李潇，徐广才，王赢. 台湾休闲农业的发展及其对北京的启示［J］. 台湾农业探索，2017，2：1-5.

［8］史亚军，秦远好. 休闲农业概论［M］. 北京：中国农业出版社，2013.

［9］程新元，史亚军，张润清，等. 休闲农业标准体系研究报告［R］. 农业部农村社会事业发展中心，2011.

［10］农业部. 全国休闲农业发展"十二五"规划，2012.

［11］李政力，侯新民，韩风. 浅析观光果园的现状及其发展前景［J］. 农业科技与信息（现代园林），2011，2：60-63

［12］刘洋，刘玉梅. 论我国采摘旅游的现状与发展方向［J］. 长春师范学院学报（自然科学版），2008，8：90-92.

［13］周亚茹. 生态采摘园网络营销推广策略分析——以洛阳"樱桃沟"为例［J］. 科技经济市场，2015，12：92-93.

［14］谭志蓉. 成都市休闲农业发展研究［J］. 中国农业资源与区划，2017，38（02）：231-236.

［15］朱磊. 旅游观光采摘园规划建设初探［J］. 农业与技术，2017，37（02）：214-215.

［16］黄凯，卢书云. 观光采摘园经营存在的问题及发展对策探讨——以北京昌平十三陵地区为例［J］. 北京农学院学报，2013，28（04）：64-66，80.

［17］王一宁. 生态观光农业中采摘园特色的研究［J］. 现代经济信息，2017，4：372.

［18］草莓采摘园开启休闲农业致富新模式［J］. 农村实用技术，2017，6：56.

［19］赵艳斌. 酒乡之路　葡萄美酒百里香［J］. 北京农业，2014，22：36-39.

［20］王海燕. 密云打造15公里酒乡之路［N］. 北京日报，2012-02-14（4）.

［21］夏胜银，赵方忠. 葡萄小镇延伸"酒乡之路"［J］. 投资北京，2014，10：66-68.

［22］张媛媛，孙杰. 浅谈都市农业转型——以马陆葡萄产业发展为例［J］. 上海农业科技，2015，6：2-3.

［23］马陆葡萄引领嘉定特色农业蓬勃发展［J］．上海农村经济，2015，7：50．

［24］吴忆明．北京市旅游观光果园规划设计［A］．北京市园林局、北京园林学会．北京园林学会规划设计专业赴韩作品参展与考察专辑——北京园林论文集．北京市园林局，北京园林学会，2003：8．

［25］吴忆明，吕明伟．北京市观光采摘园规划建设与实践［J］．中国供销商情，2004，10：17-19．

［26］黄映晖，刘松，田超，等．北京山区林下经济发展研究［J］．中国农学通报，2014，30（11）：83-89．

［27］农业部农村社会事业发展中心调研小组．我国休闲农业发展方兴未艾［EB/OL］．［2009-9-6］．http://www.dawangshan.com/lqrz/200909/119.shtml.

［28］曹仁勇，储楚，钱多，等．句容市白兔镇农业生态采摘园规划设计［J］．安徽农业科学，2010，38（01）：464-466．

［29］曹华．适合农业观光采摘园种植的蔬菜品种有哪些［J］．中国蔬菜，2013，13：46-47．

［30］郑涛，郑冉．生态农村视野下的农业园区景观规划——以即墨市恒建生态农业园设计为例［J］．青岛农业大学学报（社会科学版），2014，26（4）：36-40，69．

［31］陈守越，王梁．基于后现代农业理论下的生态农业园区规划设计研究［J］．天津农业科学，2015，21（11）：98-100，108．

［32］杨以哲，赵杰，郭娜，等．"三生"共融的生态观光农业园区规划——以青岛沽河青青农业生态园为例［J］．安徽农业科学，2014，42（31）：10992-10994．

［33］姜治中，王向华．生态农业园区建设发展模式初探［J］．
科技资讯，2007，22：138-139．

［34］贺坤，李小平．生境共生与产业融合复合视角下的现代休
闲农业园规划与实践研究［J］．生态科学，2015，34（6）：
130-137．

［35］张毅川，乔丽芳，齐安国．都市休闲农业园景观规划评价
研究［J］．湖北农业科学，2013，52（1）：216-218．

［36］余俊，邬荣亮，谈舒雅，等．苏州澄湖瑶盛观光采摘基
地规划与休闲农业开发策略［J］．中外企业家，2017，9：
35-36．

［37］杜姗姗，蔡建明，陈奕捷．北京市观光农业园发展类型的
探讨［J］．中国农业大学学报，2012，17（1）：167-175．

［38］刘萍．从欧美农业旅游集群看中国的观光农业——以美国、
意大利、波兰为例［J］．生态经济，2014，30（4）：138-
142．

［39］田逢军．近年来我国观光农业研究综述［J］．地域研究与
开发，2007，1：107-112．

［40］肖光明．观光农业的复合型开发模式初探——以肇庆广新
农业生态园为例［J］．经济地理，2004，5：679-682．

［41］姜世甫．创业创新　不忘初心——农民工返乡创业的"汇
川实践"［J］．当代贵州，2017，13：50-51．

［42］农业部农村社会事业发展中心课题组．凝心汇力　海纳百
川　引凤还巢惠"三农"［N］．农民日报，2016-09-06（8）．

［43］王晶莹，徐璞珍．体验营销视角下的采摘篱园的价值创
造——以北京郊区"农家乐"采摘园为例［J］．电子商务，
2010，9：27-29．

［44］帅爱军. "互联网＋"农产品营销策略研究——以合川思居草莓为例［J］. 经营管理者，2017，13：249.

［45］赵妍. 浅谈我国观光农业现状及未来发展方向［J］. 农业科技通讯，2010，12：42-43.

［46］马亮. 主题农业园规划设计研究［D］. 南京：南京农业大学，2012.